From the gray city to the city of music

「灰色のまち」から「音楽のまち」へ

――川崎市政大改革

元川崎市長
阿部 孝夫

時事通信社

まえがき

川崎市は大きく変わりました。「公害のまち」「灰色のまち」だったのが今や「音楽のまち」「パステルカラーのまち」になりました。

私が川崎市に住むようになった1992年の頃、川崎市のイメージはあまりにも悪すぎました。公害をすでに克服し、魅力づくりの資源がいっぱいあったのに、実態とかけ離れた悪いイメージがひとり歩きしていました。なんとかならないものかと思いながら私は、大学教授として全国の自治体の地域振興の手伝いをしてきました。「終の棲家」となる川崎市をそれにふさわしい魅力ある都市にしたいとの思いが強くなり、市長選挙に立候補し、現職を破って市長として「川崎再生」に全力で取り組みました。

市政運営では、人はその長所によって生きるものだとする江戸時代の学者荻生徂徠の考え方、人間は「遊び」の動物だとするJ・ホイジンガの『ホモ・ルーデンス』、人間の欲求を5段階に分類して「自己実現の欲求」を理論づけたA・H・マズローの考え方、そしてその理論に基づいてC・I・バーナードが書いた『経営者の役割』を参考にしながら、工業都市としての発展という歴史軸と首都圏の便利な位置という地理軸を基本に、川崎市らしい将来ビジョンを模索してきました。

「音楽のまち」「スポーツのまち」に力を注ぎ、成長戦略としてグリーン、ライフ、ウェルフェアの3つのイノベーションを振興してきたのはごく自然の流れでしたが、それが川崎市の特色にもなり、まちのイメージを大きく変えることにつながりました。

しかしその前に、どうしてもやらなければならない大きな改革がありました。それは破綻しかかっていた財政を立て直し、行政をスリムで強靭なものに変える行財政改革でした。当時の日本で最も厳しいと思われる改革プランを策定し、12年間で職員数を18・2%(2941人)削減し、水道事業のダウンサイジングを行うなどの大胆な改革を実行しました。

「政治は芸術、行政は科学」が私の持論で、政治がビジョンを策定し、行政がそれを合理的科学的に実現するという手法を地味に愚直に実行してきましたが、最近はそれをあざ笑うかのようなポピュリズムやパフォーマンスが横行していてとても当惑しています。ポピュリズムやパフォーマンスは結局は高くつくことになります。合理的科学的でないからです。

川崎市長として12年間、地道に改革を実行し、成長戦略を進めてきましたが、結果を見ると決して地味なものではありませんでした。「灰色のまち」から「音楽のまち」への転換やキングスカイフロントの発展は極めて地味な政治・行政が産み出した産物です。このことを記録し、後々の参考にしてもらうために本書を出版することにしました。

本書に出てくる省庁名、企業名、団体名、組織名、肩書などはすべて当時のものですので、そのつもりでお読みいただければ幸いです。

また、本書で名前をあげて紹介したい方々や感謝したい方々がたくさんいらっしゃいますが、紙面の制約や文章の流れの都合で割愛しなければなりませんでした。ご容赦を賜りたいと存じます。

最後に本書の出版に当たってご協力を賜った時事通信出版局の松永努社長、出版事業部の永田一周氏、編集者の桑原奈穂子氏はじめ関係の皆様に心から感謝申し上げます。

2019年2月

阿部 孝夫

「灰色のまち」から「音楽のまち」へ――川崎市政大改革

目次

「灰色のまち」から「音楽のまち」へ——川崎市政大改革

造本装幀　鈴木美里

第1章

難問山積の川崎市政

ＪＲ南武線の電車で初登庁

川崎市長選挙に勝利した私は、２００1年11月19日、自宅最寄り駅の中野島駅から南武線に乗り、約30分で川崎駅に着きました。川崎駅から徒歩約7分で市役所に着くと、大勢の人たちが私を出迎えてくれました。

その日の朝、早く目覚めて床の中でＮＨＫのラジオを聞いていたら「今日は何の日」という放送があり、米国の第16代リンカーン大統領がゲティスバーグで有名な演説をした日だと分かりました。「人民の、人民による、人民のための政治」という民主主義の理念を高らかに宣言した日だったわけです。

大勢の人たちが集まってくれた本庁舎の玄関前で私は初登庁の挨拶を行い、リンカーンに倣って「川崎市民の、川崎市民による、川崎市民のための市政」ということを強調しました。やや格好をつけた形でしたが、それが本音であり理想でもありました。そしてその瞬間から政令市・川崎市の市長としての忙しい日々が始まりました。

私が初登庁の挨拶をした本庁舎の玄関前は様々な形で利用されています。例えば外国からの賓客の出迎えや見送り、退職する幹部職員の見送り、都市対抗野球大会で優勝した三菱ふそう川崎硬式野球部（14年に廃部）や東芝野球部による黒獅子旗の披露、秋祭りの神輿の出発場所などなどです。ちょっと変わったところでは、サスペンスドラマで警察署に見立てて撮影というのもありました。「警視庁○○警察署」といった看板を張りつけると本物かと思わせるような雰囲気が漂っていました。

その懐かしい本庁舎も、1938年の建設から78年の歴史を経て2016年に取り壊されました。1945年3月の激しい空爆の中で唯一壊れなかった建物で市民の心の支えでもありましたが、新庁舎に建て替えられることになりました。市民をあげて応援してきた川崎フロンターレの優勝披露をここでやりたかったのですが、私の市長在職中（2001〜13年）は2位を何回も繰り返しながら優勝には届きませんでした。私にとっては誠に残念なことでしたが、私が退任した後に川崎フロンターレは見事にJリーグ優勝を果たしました。

初登庁の日、私は市の幹部職員を講堂に集めて以下のような挨拶をしました。

川崎市は数々の難題に直面している。産業構造の転換や高齢化、情報化など社会経済が大きく変化している中で、その変化に対応できず、塩漬け土地や破綻の危機にある第3セクターなど市政の問題は極めて深刻化している。市長選挙を通じて市政に「喝」を入れるべきだとの声を多くの市民からいただいた。これらの難題をきちんと解決していかなければならない。川崎市は極めて交通の便がよく地理的条件に恵まれ、特色ある優れた産業や文化を持ち、多様なすばらしい市民が活躍する潜在力の高いまちだ。しかし公害都市としてマイナスのイメージを背負っており、それを克服してきた経験や回復後の現状が対外的に伝わっていない。私は川崎市長として、川崎の新しい都市像をアピールし、潜在力を顕在化させる「国際環境産業文化都市」づくりを進めて「川崎再生」を実現する。

そして次の5つの政策を話しました。

①川崎臨海部を「国際環境特別区」として世界的な環境対策のモデルとするとともに、ハンディキャップのある人々を支援する科学技術や産業を振興するなど新しい形の産業振興を進める。

②環境・福祉・教育・文化政策を進め、オリジナルな川崎文化を育成する。

③大型プロジェクトに対する政策評価を行い、市民満足や経済効果などを検証する。

JR南武線中之島駅

④人件費、第3セクターなど徹底した行財政改革を行う。
⑤市民投票条例の制定、タウンミーティングの開催など市民参加を促進し、市政に関する情報を市民と共有するとともに、市長の任期を3期12年までとする。

イッキのみの阿部市長

市長に就任してすぐ、市の幹部職員との顔合わせや市議会への挨拶が続きました。幹部職員たちも議員たちも、現職を破って当選してきた私に対し、様子見の雰囲気が満ち満ちていました。職員たちの中には、私が気に入りそうな接近の仕方を試みる者も少なくありませんでした。特に秘書課など市長を支える立場の職場では、私の身の回りの個人的なことまで「深入り」してお世話しようとする雰囲気もありました。背広を着る際にも援助の手を出されたのにはびっくりしました。

職員の間には、市長の気分を害さないように甘言を言い、オベッカも含めて市長を上へ上へと置こうとする流れが続いているように見えました。これは高齢多選の前市長時代の弊害ではないかと感じました。市民サービスよりも市長へのサービスを優先するような雰囲気が強く見えました。同じようなことが市内の高齢者施設訪問の際にも見られましたが、これは多額の市費を注ぎ込む施設ゆえのことかもしれません。しかし、必要最少限の予算しか認める考えのない私にとっては、ムダで余計な気遣いに思えました。

一方、11月から12月にかけての最初の議会においては、とても冷たい視線が私の方に向けられているのを強く感じました。私を支援した公明党、はっきりしなかった小会派（企業関係2人、町会関係1人）、それに個人的に支援に回った自民党と民主党の一部議員たちを除けば、他はみんな私への反対者でした。

今になってもよく思い出す初議会での質問があります。自民党の代表質問では「市長は都市経営のエキスパートだと称しているが、市長程度のエキスパートは日本にはたくさんいるのではないか」というのがありました。私としてはその「たくさん」よりはかなり先を行っているという自負もありましたが、「その通りです。たくさんの中の1人です」と答弁しました。民主党の質問では「市長は統一協会との関係が深いのではないか」というのがありました。私は「相手方から原稿の依頼を受けて客観的な持論を書いただけで、団体との深いつき合いはありません」と答えました。その後、共産党からも統一協会に関する質問はしつこく続けられました。

「統一協会うわさ」の震源は当時の市の三役の1人で、その人が私の論説を載せた統一協会関係の資料を集めてネガティブキャンペーンを張っていたということのようです。選挙当時からすでに支援者の間にまで話が伝わっていて、私はたびたび説明を求められました。特定の思想を持つ広報紙でも客観的な論説は重要で、それはどの政党だってやっていることです。結果として、この話はすぐに立ち消えになりました。

各種団体の会合への出席も急に増えました。市長のスケジュールに最初から入れられており、私も大切だと考えて積極的に出席しました。会合の後には、多くの場合懇親会が付いていて、もともと酒が好きだった私は皆さんと一緒に酒を飲みました。私の酒好きは瞬く間に噂になり、会合の参加者が次々と酒を注ぎにくるようになりました。私の赤ワイン好きが知られ、後に酒は赤ワインが定番になります。

冷ややかに私を見ていた市の幹部職員の間では「イッキのみ(1期のみ)の阿部」という言葉が広がったとのことです。それほど一気にガブガブ飲んだわけではありませんが、会合が2つ3つと重なりますと、乾杯のグラスを空けただけでも顔が赤くなり、最後の会合では出席が遅れた分だけ長く引き止められ、それを真面目に飲むものですからかなり酔いがまわってきます。

「イッキのみの阿部」とはうまく言ったものです。議会の多数の議員と対立し、厳しい行財政改革を進めようとする私に対する職員たちの揶揄と、早く退任してくれという願望が滲み出ています。これを言っていた幹部たちの多くは翌02年3月に市を退職していきました。私から見たら水ぶくれのムダだらけの市政でしたが、それを良しとして長い間個々の施策を真面目に遂行してきた彼らには、それを正当視する意識と自分のやってきた仕事への自負があったのだと思います。

しかし新しい市長になり、市政方針が大きく転換しました。流れが大きく変わった時に、柔軟にそれに対応した職員とついて行けない職員とに分かれました。そして、その後の厳しい行財政改革を成し遂げたのは、改革で給料が減らされた後輩たちでした。

厳しい行財政改革への第一歩

川崎市長として初登庁した11月19日の市役所幹部への挨拶の時点から私の市政改革、徹底した行財政改革は始まりました。

登庁初日の挨拶では、市職員の心構えとして「継続ではなく改革」「惰性ではなく改善」を強調し、①内容充実主義、②自立主義、③スクラップ・アンド・ビルド、④目的実現主義の4項目を指示しました。世間では当時からすでに、施策の内容よりもパフォーマンス、花火を上げるだけの人気とりがマスコミの話題になって選挙に有利になるという望ましくない風潮が自治体に広まっており、マスコミ目線を重視する行政が流行していました。行政では内容、実行、目的実現が最も大事ですが、それを行うのは当然のことであるが故にマスコミの話題になることはあまりなく、市民の方もそれに面白みを感じません。この当然のことが失敗するとマスコミも市民も大きくそれを取り上げます。この流れはポピュリズム、言いっ放し、やりっ放しがまかり通るような政治・行政の劣化という新しい時代へとつながっているように思えます。

市長就任後の最初の年明けとなった02年には、幹部職員たちに年頭の挨拶を行いました。そこではコスト感覚を中心とした意識改革を強調し、市民からの税金を先取りする形で支払われる人件費等のコストを最少にして市民サービスを充実する「市民本位の市政の実現」を強く訴えました。そして、そのためのキーワードとして「スリムな市役所」「スピーディーな仕事」「市民とのシンパシー(共感)」の3つを取り上げ、その頭文字を取って「3S」の心構えを指示しました。

このようにして本格的な行財政改革は02年に始まり、この年を私は「川崎再生元年」と名付けました。選挙のために作った私の政治団体の名称は「川崎ルネッサンス」で、かつてのイタリアのルネッサンスを参考に「川崎再生」をその中核に据えたものでした。この名称は、私が北陸大学の教授を務めていた時代に交流のあった福井県武生市《たけふ》(現越前市)の市民活動「武生ルネサンス」を参考にしたものでもあります。武生市はその昔、紫式部が国司だった父とともに住んだこともある越前の国の府中であり、長い歴史があります。

厳しい行財政改革への取り組みの最初は、川崎市の財政の実態を市民に明らかにすることでした。前市長の時代の1997年にすでに危機的な財政状態の報告書が出されていましたが、それから4年間抜本的な改革は実行されていませんでした。この報告書は外部有識者に依頼して作成してもらったものでしたが、私はそれをベースに新たな財政状態の計算を行うよう職員たちに指示しました。

その結果、財政状態は4年前よりもさらに悪化していて、2003年度からの5年間に約3100億円の収支不足、年平均で約600億円の収支不足が見込まれる最悪の状態になっていました。要は一般会計で毎年10％ぐらい赤字が出るという見込みでした。

それまでは豊富な市税収入に加えて競輪・競馬からの収益金、土地の売却収入を使い、足りなければ財政調整基金の取り崩しや減債基金からの一時的な借り入れなどでやりくりをしていたわけです。

川崎市の財政危機はもはや一過性のものではなく、対処療法で乗り切れるような段階ではなくなっていました。豊富だった市税収入は伸びが期待できず、競輪・競馬からの繰入金も見込めず、土地は含み損を抱えて逆に重荷になり、財政調整基金も底をついていましたから、減債基金からの一時的な借り入れで当面対応し、ツケを先に回さざるを得ない状況でした。

一方の歳出は、ふくれあがってしまっていた人件費、どんどん伸びる福祉関係の扶助費、一時しのぎで伸ばしてきた市債の返済のための公債費といった義務的経費の圧力が強く、さらにバブル経済時代に計画した大規模プロジェクトのための将来の経費、破綻した第3セクターの処理や塩漬け土地の処理のために見込まれる将来の財政負担などなど、抜本的な構造改革をすぐにやらなければならない状態でした。

そこで庁内に行財政改革推進本部を立ち上げ、庁内の意思統一を図るとともに、改革のために外部からのアドバイザーを依頼しました。多くの委員に参加してもらう行財政改革委員会の設置より前に、少数の専門家の指導を受けながら庁内の職員たちで効率的に中身の濃い改革プランを策定することにしました。

私の頭に浮かんだアドバイザーは、自治省の先輩で改革を多く経験し著書も多かった坂田期雄氏、辛口で厳しいことを言いながらも市町村の職員指導で評判の高かった東京大学名誉教授の大森彌氏など数人いましたが、大森氏が適任だと思い、同氏に思う存分にやってもらうことを選択しました。

大森氏には優秀な弟子がおり、政策研究大学院大学の教授をしていました。その辻琢也教授が実は川崎市の若手職員たちの研究会を指導していたことが後に分かりました。大森氏を選んでよかったと私は思い、辻氏に職員たちと共に厳しい行財政改革のプランを策定することを託しました。

スピーディーに内容の濃い案を作るには、この方式が優れています。最初から委員会で検討すると、多くの意見は出ますが結局は時間もかかり、事務局が案をまとめるということになります。私は、まず効率的な方法で改革プランの案を作り、後に委員会を立ち上げて多くの意見を聞くことにしました。

行財政改革プランの検討が進んできた02年7月に「財政危機宣言」を出しました。これは本格的に行財政改革を進めるという市民への決意の表明でもありました。厳しい財政状態を多くの市民に知ってもらい、改革に協力してもらいたいという願いでもありました。

改革の実務を担当する職員は、若手からの推薦を考慮してすでに秘書部長に任命していた砂田慎治氏や後に副市長になる曽禰純一郎氏、教育長になる木場田文夫氏などでした。当時は係長で後に副市長になった三浦淳氏には、私の新しい発想を適切に解釈し、私の意向を正確に組織内に伝達する通訳あるいは窓口のような役割を担ってもらいました。このように内部の職員を中心に改革を進めたわけですが、行財政改革担当の部署で活躍した職員たちは、その後も市政の中枢を担ってくれました。

改革プランの発表とタウンミーティング

市長就任から8カ月目の02年7月に財政危機宣言を出し、10カ月目の9月に行財政改革プランを発表しました。1万6000人の職員のうち3年間で1000人削減し、その後も同じペースで職員数を削減し続ける等の行財政改革プランは、当時全国で最も厳しいものだったのではないかと思います。

10月から11月にかけて7区で次々にタウンミーティングを開催しました。私自身が直接説明したタウンミーティングには毎回6~700人の市民が来場し、改革プランに批判的な市民の皆さんに対して私が直接質疑応答しました。

改革プランの内容は、①行政体制の再整備、②公共公益施設・都市基盤整備の見直し、③市民サービスの再構築という3本柱でした。

まず市役所の組織、人員をスリム化する。そのために組織機構を削減、縮小し、職員数を大幅に減らすとともに、高い給料と手当の額を減らし、特に特殊勤務手当の種類を大幅に減らす。公営企業や出資法人の改革を断行する。

公共公益施設等すなわち箱物などのハード関係については、施策の熟度、緊急性、事業としての適切さなどを基準にすべてを見直し、新規事業については一律に着工を3年間先に延ばす。

市民サービスについては、敬老祝い金や老人医療費の市単独助成など時代に合わなくなったものを廃止・縮小し、市民から喜ばれていたごみ収集の過剰サービスは縮減し、民と公の分担を整理する。保育所を含め民間に任せられるものは積極的に民営化する。

大まかに言えばこういう改革でしたが、市民サービスを削減するとなると市役所自体はどうなんだ、水ぶくれしているではないかと批判されますし、職員の処遇を削減するには市民も我慢しているんだからと説得した方が通りやすいわけです。いわば三方一両損の大岡裁きで厳しい行財政改革案を策定し、これをもってタウンミーティングに臨みました。

タウンミーティングでは、改革に反対の意見が多く出されました。市民個人からの反対もかなりありましたが、保育所の民営化やごみ収集日数の削減などについては組織的な反対もありました。しかし、ごみ収集を1日減らせば年間約6億円の節約になります。保育所については、公営保育所が保育士の高齢化などもあって民営より5割近くも高コストでした。「民営になると質が落ちる」という発言もあったので、私が「民営の方にお伺いしますが、本当に民営の質は低いのですか」と発言したらその場はそれでおさまってしまいました。

ハード系の施設の新規着工3年間先送りについては、不満の声も多く聞かれましたが、財政危機について説明しますと、やむを得ないという我慢による理解が得られたようでした。しかし、私の住む多摩区で計画されていたスポーツセンターの新設については、着工3年間先送りを強く批判する声も聞かれました。他の6区ではすでに整備されているのに最後の多摩区が先送りされるのは多摩区から出た阿部市長のせいだというわけです。この批判はその後もある特定の政党からしつこく続けられました。

行政の仕事は、公平公正なルールを決めて進めなければ大きな不満や不信の種になります。多摩区だけを我田引水で例外にしたのでは、市全体に適用する厳しい行財政改革そのものの信用が失われ、その実現が難しくなります。両立しない複雑な要望を抱える多くの市民を相手に総合行政を担う市長のつらいところです。市民の要望をすべて実現しようとするとポピュリズムになり、矛盾だらけになって市政は破綻します。すべての市民に少しずつ我慢してもらうのが優れた市政ではないかと思います。

前市長から引き継いだ事業と難問の解決

市政に「喝」を入れるべく市政改革を掲げて選挙に勝利した私は、就任早々から改革の実行に取りかかりましたが、前市長時代からの施策や新たに進めようとしていた施策を実際に選別してみると、そのまま続けるべき施策も数多くありました。国の施策に対応する全国共通の施策はほとんどがそれでしたし、市の単独の施策でも引き継いだ方がよいと思われる施策が少なくありませんでした。

私が高く評価したのは「市民健康の森」でした。元気な高齢者が増える時代に、減少しつつある貴重な里山を市民の力で保全するというこの施策は理にかなっています。この事業はその後、市民活動がますます活発になるにつれて市民の自発的な里山保全活動へと広がっていきました。

中には廃止しようかと迷った結果、実施に踏みきった引継ぎ事業もいくつかあります。高津区津田山に整備した「子ども夢パーク」がその一例です。高い値段で土地開発公社が買い取った工場跡地を、バブル崩壊後に市がそのまま高い値段で買い取り、子ども向けの施設をつくるというものです。全く気が進みませんでしたが、土地開発公社の塩漬け土地の処理は大きな課題だったし、単なる子ども向けの遊び場のような公園ではなく、不登校児などのためのフリースクールのようなものにするのなら必要でしたので、そのような問題解決のための施設とすることを条件として承認しました。

私が市長になる前年の00年12月には「川崎市子どもの権利に関する条例」が制定されていました。そして、その流れで人権オンブズパーソン制度を設けるという方向がすでに示されていました。子どもの権利擁護ということは国連でも重視されていましたが、それは難民問題や最貧国でぎりぎりの生き方をしている子どもたちに関連するものだと理解していましたので、川崎市ではどうなのかと迷いました。しかし、児童虐待やいじめ問題は深刻の度を深めつつありましたから、そういったこれからの問題に後ろ向きに対応するべきではないと判断し、人権オンブズパーソン制度を創設することとし、2人の専門家にそれを委嘱しました。その際、別途設けられていた市民オンブズマンの定数を3人から2人に削減し、人権オンブズパーソンについては最初から定数を2人にしました。

03年度からスタートさせた放課後児童対策の「わくわくプラザ」事業もまた、前市長時代の案を実行に移したものです。「わくわくプラザ」については別途取りあげますが、これは、従来の放課後の学童保育事業を廃止し、全小学校に新たに設置する「わくわくプラザ」で希望する児童全員を受け容れるという事業です。従来の学童保育のような少数者の既得権を認めず、多くの需要を薄く広く満たすという改革事業です。

前市長時代からそのまま引き継いだ最大の事業はミューザ川崎シンフォニーホールでした。これは、都市再生機構が川崎駅西口の再開発事業として、西口文化ホールという仮称で整備を進めている2000席の大きなクラシック専用ホールを市が約200億円で取得するという事業です。これも別途取りあげますが、反対運動が大きくなる中で迷ったあげくに「音楽のまち・かわさき」を施策として打ち出すこととし、そのシンボルとなるように、むしろグレードアップして進めることにしました。

川崎市長に就任して取り組んだ最初にして最大の課題は行財政改革でしたが、土地開発公社が抱える塩漬け土地や破綻しかかっていた第3セクターなど前市長時代に解決の糸口すら見出せなかった難問をどう解決するかも大きな課題でした。放課後児童対策の「わくわくプラザ」やミューザ川崎シンフォニーホールのように前向きにどう処理したらいいかという課題もあれば、どう考えても後ろ向きで傷が深くて苦労しそうな難題もありました。

「わくわくプラザ」の開設と学童保育の廃止

学童保育は放課後の鍵っ子対策として開始されました。工業都市・川崎市の共働き家庭の子どもの放課後の居場所を確保する事業でした。政令市となった1972年頃から保育所の整備は積極的に進められましたが、子どもが小学生になると午後の早い時間に授業が終わってしまいますので、子どもは自宅の鍵を持って学校に通い、親が留守の自宅に帰ります。そういう子どもに居場所を提供するのが学童保育で、民間が開設する事業に依存し、市はそれに補助してきました。制度的に確立された事業ではなく中途半端でしたが、国からの補助制度もありました。対象は両親が共働きの場合に限られており、老親の介護やボランティア活動などで留守がちな家庭の子どもは対象にされていませんでした。

当時の川崎市内の学童保育は4000人ほどしか収容できず、急に拡大する余地はありませんでした。小学校3年までの3万2000人の全学童のうち4分の1が対象だとしてもニーズの半分しか対応できていませんでした。そこで市は青少年問題を扱う委員会で検討を重ね、全部の小学校の放課後対策事業として「わくわくプラザ」を開設する方針を決定していました。

従来の学童保育が廃止されるわけですから強烈な反対運動が起きていました。新しい「わくわくプラザ」事業はモデルがありませんからなかなか理解されず、市長選挙の最中も反対運動は広がっていました。特に候補者を出していた某政党の反対運動は強烈でした。正直言って私にも迷いがありましたので、内容をよく検討するという立場で選挙に臨みました。そして、この改革を進めてきた現職市長は落選し私が市長に就任することになったのです。

選挙中は学童保育廃止反対ばかりが目立ち、「わくわくプラザ」がどんなものか私自身も深く理解していませんでしたので、市長就任後に担当者から説明を聞きました。すると従来の学童保育が悪いわけではないが、大きなニーズに応えきれていないということが分かりました。そのため特定少数者の既得権のようになっており、より多くのニーズに対応する対策が必要になっているという事情が明らかになりました。そういうことなら私の行財政改革と一致すると私は判断し、2003年4月から実施したいという担当者にGOサインを出しました。

しかしこの間も反対運動は続き、多くの有力者からも学童保育廃止反対の意見が寄せられました。最も驚いたのは私が尊敬する石原信雄氏（元内閣官房副長官、川崎市在住）からも廃止しないようにとの電話があったことです。私はその時点では「わくわくプラザ」の方が改革の方向に合致していると確信していましたので、学童保育事業の不公平と「わくわくプラザ」の新しいニーズへの対応とを説明して石原氏に納得してもらいました。一時はこの改革を進めたら市長への再選はなくなるとまで心配する支援者も現れる始末でした。

全ての小学校に「わくわくプラザ」を設置し、従来の学童保育はそこに吸収して内包させるという改革でしたが、国庫補助をしてきた厚生労働省からはなかなか理解してもらえず、補助金は減額されてしまいました。理由は、共働き家庭の子どもだけでなく広くニーズに対応するとしたこと、それに「わくわくプラザ」事業では学童保育対象児だけの特別の居場所を確保していないということでした。学童保育対象児の分ぐらいは補助してもいいのではないかと腹が立ちましたが、国は極めて頑固でした。なんていう改革に後ろ向きな役所なんだと思いましたが、国では学童保育は厚生労働省の管轄で、放課後対策事業は文部科学省というセクショナリズムも背景にあったようです。両者を合わせた事業には補助しないというわけです。

塩漬け土地問題の解決

川崎市では、バブル経済の時代に土地開発公社が借金して買った土地を大量に保有しており、その総額は簿価にして2000億円を超えていました。バブル崩壊によって地価が急落し、下がり続ける時価と高金利が上乗せになる高い簿価との間に大きな隔りができていました。麻生区に造成したマイコンシティという工業団地は1995年から企業誘致と分譲を進めているものの土地は全く売れず、公共用地の代替地や保養所建設のための用地も買った際の価格が高すぎて一般会計で買い戻すことが困難になっていました。

南伊豆に購入した市民保養所の用地については、時価に対して簿価が高すぎるので、約束だからとして土地開発公社から一般会計が簿価で買うのは法律違反だとする訴訟が起こされており、すでに高裁で争われていました。土地開発公社は、時価で安く土地を売れば差損が生じますので、処理が困難な赤字を抱えることになります。

多くの場合、土地開発公社は一般会計の要請で土地を先行取得していましたが、一般会計による買い取りを明確に約束していたのかどうか、約束していたとしても簿価と時価の差をどう扱うべきかが問題になっていました。南伊豆の土地については市が敗訴し、公社に対し不当に高額な代価を払ってはいけないという判決が出ました。その判決に従えば公社は赤字になります。しかし私は、前市長時代の高い買物でもあるし、甘んじて敗訴を受け入れることにしました。

私の学生時代の友人には弁護士や裁判官が多くおり、判決を下した高裁の担当裁判官が実は同級生だったのですが、そのことは後々まで全く知りませんでした。判決からしばらく後に大学時代のクラス会があり私も出席したのですが、私が話したこともないのに川崎市の土地問題をよく知っている同級生がいてびっくりしました。実は彼が判決を下した裁判官だったのです。

広大な土地が売れ残っている麻生区のマイコンシティについては、企業誘致と分譲を進める担当者を置きましたが、全く売れる気配はなく、地価は下がる一方でした。総務省も低金利の借金に切り替えることを認めるなどして、総合的な土地対策を推奨しましたが、売却時に発生する差損問題は解決するべくもなく、全国に広がる塩漬け土地問題は大きくなるばかりでした。

高い金利が簿価に加算されるだけでなく、企業誘致と分譲で成果のあがらない担当者の人件費もムダ使いになっていました。こうしたことから、安く売ってでも早く土地を利用してもらい、固定資産税や市民税を早く納めてもらった方が得になると考えました。

しかし、安く売れば差損が出て最終的には一般会計で尻ぬぐいをせざるを得なくなります。事実多くの自治体で最後の尻ぬぐいのために巨額の一般会計負担を行っていました。そこで私は、売る代わりに安く土地を貸し、長期に渡って借地料や立地企業の建物からの固定資産税、あるいは法人市民税などで原価を回収することを考えました。

まず一般会計が低金利の市債を発行して簿価で土地を買う。その土地を企業に時価相場で安く賃貸する(定期借地権)。この方式のための市債発行を総務省に認めてもらいました。こうして、2004年度から事業手法を分譲方式から借地方式に転換した結果、06年度までにすべての土地に借り手がつき、マイコンシティの土地は収益を生むようになりました。収支計算をしますと、それまではマイナスが膨らむ一方だった土地が一転して急に収益を生むようになったわけです。いわばV字型の転換です。

この一般会計による買い取りと定期借地権による企業等への賃貸という方式での塩漬け土地問題の解決は順調に進みました。土地開発公社が簿価で保有していた土地の額は05年度には2153億円にのぼっていましたが、それが3年間で1259億円減って894億円となりました。そして次の09~11年度の3年間ではさらに減って282億円となりました。私の市長在任中の12年間では合計1982億円減少し、退任時の簿価の残額は171億円まで落ちました。

この方式の問題点は簿価で一般会計が買い取ることです。時価との差を一般会計が被ることになりますので、当然住民訴訟が考えられます。事実訴えられましたが、差損分は最終的には賃貸料と税収でカバーすることになりますので勝訴しました。塩漬け土地だった場所には先端企業が次々と立地し、その後の成長戦略の拠点とさえなっています。

全国的に見ると、塩漬け土地の差損問題を抱えたまま最終的に土地開発公社を廃止せざるを得なくなり、最後は尻ぬぐいとして差損分を一般会計が負担するというケースが多いようです。川崎市は立地条件に恵まれているので企業が土地を借りてくれたというのも事実ですが、その川崎市でさえも新方式を採用しなければ企業は1件も入ってこなかったのです。行財政改革を進める中で早期に手を打って良かったなと思います。

企業が続々と立地したマイコンシティ

苦心したホームレスの扱い

私が市長に就任したばかりの02年当時、川崎市内には1000人を超すホームレスがおり、多摩川の河川敷や都市公園、道路の緑地帯などに青テントや段ボールの小屋を作って住んでいました。JR川崎駅の東西自由通路は彼らにとって屋根付きの便利な一等地でした。駅改札を出ると一面に青テントと段ボールがありました。

商工会議所の幹部との会議ではいつも何とかしてくれという注文が出ていました。市では人道支援の観点から無料のパン券を配ることもしていました。川崎市長になる前、高崎経済大学に通っていた頃、高崎市でもホームレスが出現しましたが、それを見た警察がそっと1000円札を渡し、川崎へ行けば食っていけるぞと教えたという話が伝わっていました。

人権も大切ですが、公共の場で多くの市民が利用する場に青テントや段ボールを持ち込んで寝起きするというのはちょっと違うのではないかと思いました。一方で04年夏には駅前にミューザ川崎シンフォニーホールが開館し、他所からも多くの客が来るようになることが予想されていました。そこで川崎駅近くに彼らに宿泊所を提供するワンナイトシェルターを設け、そこに彼らを移すという施策を実行することにしました。幸い川崎駅の隣りの京急線の日進町という駅近くに空き工場がありましたので、それを市で借りて改装して使うことにしました。商工会議所の副会頭をしていた人の会社の施設でした。

しばらくすると予定地の周辺の住民たちから反対運動が起こり、改装工事を妨害する動きが出てきました。担当者による説得ではなかなか問題が解決しないので、私は彼らを直接市役所に呼んで説得することにしました。代表者を数人に限定して直接会い、会議室で彼らの意見を聞きました。彼らの言い分は次のような内容でした。

ホームレスが来ると環境が悪化する。犯罪が増える。こんな便利な場所でなくてもよいのではないか、等々でした。私は彼らに自分の考えをはっきりと言いました。環境については受身ではなく、暇のある彼らを地域の美化活動に誘い込めば、かえって環境は良くなる。犯罪は、東京の高級ホテルや高級住宅街でも発生している。ホームレスが来て犯罪が増えるという根拠はない。むしろ反対に罪を犯してでも生きていくような強さがなくて弱いからホームレスをしているのではないか。便利な場所については、駅改札からゼロ分、屋根付きの便利な一等地にいる人たちから見れば日進町は不便だ。遠方に移して失敗した東京都の前例もある。私がそのようなことを話したのに対し代表者たちは、これにきちんとした反論ができませんでした。

代表者たちは200人も集って反対したのにと言うので、私は128万人(当時)を代表しているから数の力で私を押し切ろうとしても比較にならない、むしろ1人でもいいから私を説得できる合理的な話をしてくれればそれに従う、と言いました。そして反論をまとめるための時間として1週間の猶予を与え、その後に再び会うことにしました。その際私は、彼らが行政の厳しさを全く理解していないと感じたので、一言「行政をあまり甘く見ないでください」とつけ加えました。

この私の一言がマスコミに火をつけ、大騒ぎになりました。その直後の定例記者会見には、珍しく全国放送のテレビ局がたくさん集まり、カメラを向けて私の失言を待ち構えていました。行政は甘くないから筋の通った話をしてくれと当たり前のことを言っただけなのに、マスコミからは市民を恫喝したと批判されました。マスコミの皆さんは「行政を甘く見てもいい」と本当に思っているのでしょうか。

1週間が経って市民の代表者たちが再度市役所にやってきました。しかし、代表者たちは反対者の数が200人を超えたと数を誇示するだけで、私が納得できるような筋の通った話を全くできませんでした。ワンナイトシェルターの予定地の工場前では、工事関係者と反対者が対立しており、警察もそれを見守っていました。私は代表者たちとの会見の後、警察の力も借りて工事を進めることを指示しました。

行政の筋を通して目的を実現するためには権力の行使は止むを得ない措置です。多様な価値観や多様な利害関係を調整するためには筋を通すことが最も大切なことだと思っています。「行政を甘く見ないで」という表現は少々きついかもしれませんが、本当に行政を甘く見てはいけないと思います。

春先から全国テレビ放映の連続

行政の筋を通すために私はホームレスのためのワンナイトシェルターの整備を強行しました。そしてテレビでは反対の住民たちと押し合う警察官の姿が生々しく全国放映されました。「行政を甘く見ないでください」と言ったことと、この警察官の対応とを併せて放映されれば、私のことを何と横暴な市長だろうと想像する視聴者が増えます。マスコミの恐ろしさを実感しました。

市議会でもこれを取り上げて私を責める質問がありました。論客で無所属の女性市議が、私が市民を恫喝したと議場の質問で非難しました。私は「行政を甘く見ないでください、筋の通らない話には応じないと言っただけです」と答弁し、そして「貴女は行政を甘く見てもいいというお考えでしょうか」とつけ加えました。すると議員はしどろもどろになり、「年端もいかない女性に対して何という言い方ですか」と憤慨したように発言しましたが、周囲からは失笑が漏れました。彼女はすでに50歳を超えていたのです。しかしマスコミは彼女の味方のようでした。

どういうわけか04年は春先から全国放送のテレビと縁がありました。ホームレスのためのワンナイトシェルターの整備問題で「行政を甘く見ないでください」と言って大騒ぎになった直後に成人式があり、そこで思わぬ出来事が起こりました。

多くの議員はじめ来賓が居並ぶ壇上で、新成人の代表者の男性が挨拶原稿を投げ捨て、演壇の上に立って成人式を非難し始めたのです。会場はあっけにとられていました。私は式を主催する市長として腹が立ち、代表者が投げ捨てた原稿を拾ってさらに舞台の下へ投げ落としました。

全国的に成人式が荒れていた時期でした。マスコミは、形式的になりがちだった成人式そのものに批判的で、それに反発する新成人をむしろヨイショする傾向がありました。新成人の代表者が演壇の上に立って式を非難したことについて、私は彼の行動を「けしからん」と批判し、式を台無しにして多くの参加者に失礼だと言いました。そして彼の行動について「器物損壊罪だ」と言いましたら、これがマスコミ受けしたらしく、翌日からテレビのバラエティー番組で話題になっていました。

彼は式の準備をする新成人たちのグループに所属しており、自ら立候補して代表となり、前日のリハーサルでも原稿を読んでいたそうです。ただ他のメンバーよりも準備会への出席は少なかったようです。このハプニングの後、準備会のメンバー達は私の控え室にやってきて、気の毒になるほど丁寧に謝っていました。この人たちに対して彼は何ということをしてくれたのか、怒りが再度こみあげてきました。謝りにきた人たちの中には代表の彼はいませんでした。

後で判明したことですが、彼は県立高校の卒業式でも同じようなことをした前歴があったそうです。そして私が言った「器物損壊罪」をえらく気にしていたそうです。有罪になるのではないか、と。

彼は後日、市長に謝罪したいと市役所にやってきたそうですが、迷惑を受けた準備会の若者や式の参会者への謝罪抜きで市長に会いにくる姿勢を受け容れることができず、私は彼に会いませんでした。これもまたマスコミの批判対象になりました。

第3セクターKCTの破産処理

03年の暮れのことでした。年末の休みに入ってから関係幹部を市長室に集めました。すでに再建は難しくなった川崎港コンテナターミナル株式会社（KCT）を今後どう扱うか、はたして立ち直らせることができるのか、破産処理しかないのか、と首を並べて議論しました。港湾局の幹部のほかに同席したのは、私が市長になる前から相談相手だった少数の若手職員たちでした。

このような問題の解決に当たって私は、外部のブレーンを全く頼りにしませんでした。というのは、一番よく事情を知っているのは職員たちであり、彼らはその問題をどう処理するべきかについていくつかの案を持っていました。ただ決定ができないでいただけなのです。そういう部下たちの情報を基にトップがきちんと決定さえできればいいわけで、むしろ外部のブレーンは混乱のもとになることさえあります。外部のブレーンは、のんびりと長期のビジョンなどを検討するのに適しており、至急の案件処理では詳細な事情説明が必要な分だけ時間の浪費になります。

KCTの関係者やそれに強い影響力を持つ港湾関係の有力者たちは、何とかして事業を建て直そうとして追加出資をするなど再建のための努力を必死で行っていました。しかし私の判断では、経営が悪くなることはあっても再建はどう見ても無理でした。金融機関から示されたＫＣＴを倒産させないための再建案としては金融機関が約20億円、市が同額の20億円を新たに負担するという案が唯一残された方法でした。

しかし、返済の見込みのない20億円を市が負担すれば住民訴訟が起こされ、市が敗訴して私の個人的な責任まで追及されることになります。私がどうして前の時代からのツケを払わなければならないのか、と腹が立ちました。銀行は、バブル経済時代に貸し続けてきた責任があり、民間の倒産処理で巨額の不良債権の処理を行ってきました。03年にはその処理もかなり進んでおり、引当金も累積しているはずでした。

私はＫＣＴの破産処理を断行することにしました。大変だったのは、銀行の説得と港の利用者である船会社の説得でした。特にＫＣＴの破産で一番困るのは船が入港しなくなることでした。銀行の説得は担当者だけで乗り越えましたが、問題は船会社でした。私は各船会社を回り、港湾機能、港湾サービスは従来通り市の責任で継続するから心配しないで船を入港させて下さい、ラインを維持して下さいと社長たちに頭を下げました。こんな約束は責任者である市長にしかできません。

ＫＣＴの破産後は、それまでＫＣＴが担ってきた機能を川崎市が直営でしばらくの間全うすることにし、近いうちにこれを担う新しい機関を設けるという方針を出しました。この考え方で社長たちを説得しました。ＫＣＴの破産がマスコミで事前に報道されてしまうと社長説得が後手に回って難儀しますから、全く内密に社長たちに会い、その了解を取り続けました。

そして翌04年の1月、市からＫＣＴに貸していた資金の更新を拒否したのです。ＫＣＴは同年3月に破産処理に入り、港湾サービスは市の直営に移しました。ＫＣＴの役員だった民間の会社の社長たちの反発も強く、港湾関係では名の通った大物、横浜に本社を置く藤木企業会長の藤木幸夫氏まで応援にきて市長室で私に抗議しました。

藤木氏は私に、神奈川県知事を2期で引退した旧内務省出身の知事がいて、自分たちが応援しなかったために身を引かざるを得なかったのだと言い出しました。私は最初どういう意味か分かりませんでしたが、そのうち港湾関係者の意に沿わない市政を進めると自分も同じ運命になるぞという一種の脅しだと気がつきました。私は行政の筋としてこれしかないと思って決めたことだったのですが、利害関係者の間では計り知れない裏話が進んでいたようです。私が市長として下した決定はそれほど想定外の判断だったようで、藤木氏はじめ関係者の理解を得ることの必要性を痛感した次第です。しかしこの案件も時間が経つにつれて理解されるようになりました。

ＫＣＴの破産後しばらくは市が直営で港湾サービスを行い、やがて民間企業に委託することになりました。その後は、横浜港と一体化したサービスを行う方向に進むことになりました。

リゾートブームの名残りを処理

昭和の末期から平成の初期にかけて、日本はリゾートブームに湧きました。国民が豊かさを実感できない経済大国だなどと米国から指摘され、その原因として東京一極集中が大きな問題となりました。それを是正するために地方分権を主張する日本新党が大躍進を遂げた時期です。

米国に対する貿易黒字を少しでも減らそうとする前川リポートが1986年に出され、輸入を増やすとともに地方を振興して内需を増やす方針を立てた政府は、リゾート振興策を積極的に進めました。川崎市もこの流れに乗り、岩手県東和町（現在は花巻市）と交流を開始し、主として教育関係の事業を東和町で展開しようとしました。一時は武蔵小杉駅前に東和町のアンテナショップも置かれました。

東和町は、農林水産省の女性キャリア官僚が派遣職員として働くうちに、地元の酪農家と結婚して定着したことで有名となった町です。昔ばなしの宝庫として有名な遠野市に近く魅力ある田舎町です。

川崎市は東和町にある田瀬湖のほとりに広大な土地を購入し、温泉を掘るなど約8億円を投資しましたが、その後時代が変わり、その場所が教育用のリゾートになることはありませんでした。私が市長になった時は、リゾートどころか塩漬け土地として重荷にさえなっていました。

私は最初はこれを売却して処理しようと考えましたが、鑑定を入れて評価してもらったところ2~3００万円の価値しかないということでした。温泉掘削の費用を含めて約8億円の投資は全くのムダになっていました。市内の工業団地のマイコンシティを処理した際のように定期借地権で賃貸するというわけにもいきません。また、ミューザ川崎シンフォニーホールのように「音楽のまち」という大きな事業のシンボルとしてグレードアップして飲み込むというわけにもいきませんでした。

私はいっそのこと東和町に無償で譲渡してしまうのがいいと考えました。8億円の投資で2~3００万円しか回収できないのでは大変なムダになります。そんな処理よりも地元の東和町で有効に活用してもらい、川崎市民も利用できるような公的な場として活用してもらう方が意味があると考えました。

無償譲渡は権利の放棄でもあり、それを実行するには議会の議決が必要です。これを受け入れる東和町もその利用方法について条件が付くので、やはり議会の議決が必要です。無償譲渡という解決策を採用することにした私は、担当職員を東和町に派遣し、念入りに交渉してもらうことにしました。

かつてこの事業に関係してきた教育関係の人たちは、事業失敗の責任を追及されるのではないかと気が気でなかったようです。責任という意味では、教育関係出身の前市長が一番の責任者ですが、市長選挙で私に負けたことが一番の償いであったと思います。

南伊豆の市民保養所用地については、住民訴訟に負けて市が土地開発公社から買い取る道が閉ざされ、公社自身で塩漬け土地として処理することになりました。その担当の裁判官が私の同級生だったことは前に述べました。第3セクター川崎港コンテナターミナル株式会社（KCT）の破産処理も前市長の時代の尻ぬぐいであり、私は心底から腹が立ちました。前市長への退職金支払いの決裁文書が回ってきた際は、私は判をつきませんでした。しかし条例で定められたルール通りですから拒否もできませんし、それに前の時代の失敗は議会にも責任があり、結局はそれを許してきた市民の責任でもあります。私は、自分は判を押さないけれども助役に代理決裁するように指示しました。外に対しては何の意味もないささやかな抵抗でした。

こうしてリゾートブーム時代あるいはバブル経済時代の名残りの諸問題を解決してきましたが、最後に残った大きな案件は臨海部の水江町の工場跡地の処理でした。公共事業の代替地として土地開発公社が抱えていた広大な土地です。公共事業の遅れから利用が進まず、さらには移転予定者から拒否されるなどして塩漬け土地になっていました。結果としてこれも定期借地権方式で解決しました。簿価は時価をはるかに超える高額で、それを市が簿価で買い取り、本来の用途ではない工場用地として貸すわけですから、住民訴訟は覚悟のうえでした。

この土地に誘致したのはエリーパワーという大型蓄電池を製造するベンチャー企業でした。慶應義塾大学と川崎市が共同で設置した新川崎地区の研究施設で開発されたエリーカという電気自動車に搭載する大型蓄電池と同じものを大量に生産し、住宅用などにも普及させようとするベンチャー企業でした。省エネや再生可能エネルギーの時代を先取りする企業で、金融機関出身の吉田社長のもとに大手企業からの出資が集まり、たちまちのうちに事業が立ち上がりました。そして生産を開始したのが東日本大震災の直前であり、エリーパワーの大型蓄電池は川崎市内の福祉施設などで大活躍することになりました。

定期借地権で土地を賃貸した川崎市には土地代が入り、工場の建物等からの固定資産税も入るようになり、土地のために発行した市債の償還財源が生まれました。おまけにその土地は時代をリードする拠点のひとつに加えられるようになりました。住民訴訟の裁判は市側の勝訴になりました。

水江町の工場跡地に誘致したエリーパワー

第2章

こんな方法で大胆に市政を改革

工事開始直前の地下鉄事業の見直し

２００１年に市長に就任した時点では、川崎縦貫高速鉄道事業すなわち地下鉄事業は国の許可が下りて建設がスタートする寸前でした。私は選挙公約で大規模事業の見直しと効率化を掲げており、地下鉄事業も見直しの対象にしていました。

市の事業は全体に水ぶくれしており、人件費の増大を招き、財政を圧迫していました。市長就任早々に行財政改革プランづくりに着手しましたが、その中でも地下鉄事業は別格の大事業でした。事業計画を見ますと、採算がとれるまでに気が遠くなるような期間が必要で、その間ずっと一般財源の負担額は毎年１６０億円にものぼることになっていました。他都市の例を見ると、どの都市でもこれだけの負担では済んでいません。

行財政改革プラン策定の前提となった年間の収支不足額は600億円ほどで、これがしばらく続くという見込みでしたから、年間160億円の一般財源は大変な負担です。当時の一般会計の規模は約5000億円でした。小泉内閣の地方交付税と国庫補助を減額する「三位一体の改革」の影響もあり、市長就任2年目の02年に川崎市は地方交付税の不交付団体になりましたから、160億円の負担は全く自前の税収で賄わざるを得ませんでした。

それでもまだ建設事業費や運営費を削減していけば実現可能ではないかと思い、専門家を交えた検討会を設置しました。そこでは厳しい意見を述べていた市民代表も加え、激しい議論を行いました。原案は京急大師線と川崎駅経由で乗り入れを行い、東横線の元住吉駅を経て新百合ヶ丘駅まで伸ばすというルート案でしたが、新百合ヶ丘で小田急多摩線に乗り入れるとか、北部市場近くに予定されていた操車場をやめて私鉄にそれを依存するなどの検討を行い、事業費を大きく削減する修正案をまとめました。

しかし、やがて人口減少時代に入るという時期に許可されたこの計画はもともとが右肩上がり時代の発想で、交通不便地域の解消と沿線開発により乗客を確保するというものでした。私は人口減少時代には拠点地域と拠点地域を上手に結び流動性を高めて乗客数を増やすという方向に行かざるを得ないと思っていましたから、東横線との交差は元住吉駅でなく交通結節点の武蔵小杉駅にすべきだと思いました。新百合ヶ丘駅と元住吉駅を結ぶ路線に比べれば、新百合ヶ丘駅と武蔵小杉駅を結ぶ路線の方が遥かに多くの乗客を見込めます。まして結節する小田急線や田園都市線に乗って遠方から都心に向かう通勤客の乗り換え利用増が見込めるわけですから、こちらの方が遥かに優れています。

検討が進むにつれて、この地下鉄計画は時代遅れではないかとの感がますます強くなってきました。ですから、さらに検討を加えるために建設事業の開始をとりあえず1年先に延ばすことにしました。すると、周りから市長はこの事業を実施する気がないのかという疑いの声が強くなりました。そこでとにかく建設開始を延期しながら1万人の市民アンケートを取ることにしました。

アンケートの結果は、推進が15・8%、中止が32・9%、財政等が良くなるまで延期が最も多く40・0%でした。この結果を受けて、私は03年度に着工を5年間延期し、建設費用をもっと削減して実施するという方針を出しました。

建設着工を5年間延期したこの地下鉄事業については、さらに建設費の縮減を検討するとともに乗客数を増やす方策として路線の変更を検討しました。武蔵小杉駅に乗り入れることによって遠方からの乗継ぎ乗客を増やすことや、川崎フロンターレが活躍する等々力陸上競技場を経由することなどを検討し、新しい案を策定しました。

この案の変更については国の運輸政策審議会にかけるべき大きな変更なのかどうかが問題になり、意見も割れました。国は私が時代遅れだと思ったもともとの案を変更することに消極的で、変更そのものに対して否定的でした。そして新しい案で本格的に国と前向きに折衝しようとしていた時期に、国の5年ごとの事業の見直しがやってきました。

国からは、いったん許可を返上して再度許可申請を行うようにと言ってきましたので、市はそれに応じて許可を返上しました。この時点での国の後ろ向きの姿勢は見え見えでした。変更案を支援しようとする気配は全くなく、もともとの時代遅れの案をそのまま実行するのでなければ認めないという態度でした。というよりも時代遅れとの認識そのものがなかったのかもしれません。

当時、建設着手のための国からの補助金はすでに国の予算に盛り込まれていましたが、川崎市の事業が延期になったので、その予算は他都市の事業に回されました。そして許可返上後の川崎市の事業は、新たに許可申請を出したとしても国の新規事業における補助順位は一番後ろということになったようです。しかも、その予算は新幹線建設の予算などとも連動しており、かなり厳しいものになりました。

地下鉄事業の扱いは市議会でも常に問題になりました。地下鉄事業の特別会計を設けていましたが、それを廃止しないのかという質問が出ました。準備段階で支出した経費と開業準備の積立金がありましたが、それをどう処理するのかとの質問もありました。支出した経費は市債で賄っていますから、特別会計を廃止すれば市債の返済は一般会計つまり税金で行うことになります。

私は、地下鉄事業を新しい時代にマッチした事業に再編成して実施したいと考えていました。路線はより多くの客が利用できるものにし、動力にはより環境にやさしい燃料電池や電気系統を大幅に簡素化する蓄電池を採用し、世界の鉄道の最先端を行く川崎発のモデルとすることを夢見てこれを公表しました。

議員の多くは、私の任期中には地下鉄事業は実現しないと判断したのではないかと思います。しかし私は、未知の世界を科学技術によって切り開き、それによって人類に貢献することが行き詰まっている日本経済を再生する有力な方法のひとつになると固く信じていましたから、川崎が提案する新しい方式の地下鉄を国が研究してくれることを期待していました。

そんな中で09年度には3回目の市長選挙を迎えましたが、私は地下鉄事業推進の旗を掲げたまま戦いました。私に対抗する他の候補たちは、みんな地下鉄事業反対を訴えていました。できることなら私は、地下鉄事業を実施したいと思っていました。しかしそれが実現せず、期待していた多くの市民の皆様にはご迷惑をおかけしたと思っています。

敬老祝い金の縮減とＢＵＹかわさきキャンペーン

川崎市では、敬老の日に合わせて70歳以上の市民に３０００円の現金を祝い金として配っていました。高齢者の増加に伴って支出は増える一方でしたから、当然のことながら

02年の行財政改革プランにおいて縮減対象にしました。

市長になって「市長への手紙」という市民からの投書制度を設け、市民から送られてきた投書を見ていましたら、その中に千葉市民からの一通の手紙がありました。そこにはこんなことが書かれていました。

川崎市の親戚の家に行ったら「川崎市長」と書かれた封筒があり、その中に3000円の現金が入っていました。あれは公職選挙法違反ではないでしょうか。

なるほど、そういう見方もあるんだと私は思いました。敬老のためとはいえ公費で現金を配るのは問題がある。「川崎市長」と書いてあれば個人名は書いていなくても現職の市長だと特定できる。しかも70歳以上すべての市民に向けてとなると、バラマキ以外の何物でもない。市長から高齢者へのプレゼントだと言えば聞こえはいいが、裏を返せば単なる利益供与ではないのか。

千葉市民からの手紙は、そんなことを考えさせる内容でした。敬老祝い金は、単なる利益供与で終ってしまえばバラマキであり、それが公共の福祉につながる派生効果をもたらすのならば投資にもなります。市民から集めておいて市民に配る金ですが、そこに行政が介在するわけですからその意味をよく考える必要があります。間に入った行政が経費分を中間搾取するだけだったら最悪です。

行政が市民の長寿を祝うことは悪いことではありません。しかし人生80年時代とかひいては100年時代と言われるこの時世に70歳からというのは若すぎます。世間では喜寿、米寿、白寿など節目の年を祝うことが多く、それに合わせる方が敬老事業の趣旨は明確になりますし、対象者の数も大幅に減ります。そこで敬老事業の対象年齢を一挙に引き上げて77歳、88歳、99歳以上ということにしました。99歳から上はすべてを対象にしましたから、99歳からは亡くなるまで毎年ということになります。

そして単に現金を配るという方法をやめて品物を贈るという方法に切り替えました。贈る品物は川崎市内の特産品や中小企業振興につながる工業製品とし、一覧表にした案内書を事前に送付し、受益者がその中から選択して申し込むという方式にしました。敬老事業で支出する公費が市内の商工業の振興に役立つようにというシナリオを作ったわけです。

02年当時、川崎市内の人口当たりの小売り事業の売上高は政令市の中で最も低く、平均より2割ほど低くなっていました。市民の間に川崎市は東京と横浜の谷間で一段低いと見る風潮があり、高額の買物は東京か横浜でというのが当たり前になっていました。私は川崎の地域おこしを特に重視していましたから、市長就任早々から商工会議所と協力し、小売事業の売上高を引き上げる方策を検討してきました。

当時の川崎市の経済局長は君嶋武胤氏で、彼を中心に02年度から「BUYかわさきキャンペーン」という事業を開始しました。多くの市民が川崎市には何もないと言う中で、市内の特産品を掘り起こして宣伝するというのがこのキャンペーンです。「BUYかわさき」

という名称には、「市民の買物は川崎市内で」「せめて市民が他所へ持って行く土産品ぐらいは川崎産の品物を」という切なる願いが込められていました。

ＢＵＹかわさきキャンペーンでは川崎名産品の認定を開始しました。認定された名産品は菓子類を中心とする食料品が主なものでした。これらの品をカタログにして敬老の日の前に対象者宛てに送付し、希望の品を注文してもらうという方式を採用し、敬老事業を続けることにしました。

カタログに載せる品物は少しずつ増え、05年からは工業製品も追加しました。05年度から市内の工業振興のために「川崎ものづくりブランド」の認定事業を開始しましたが、その中には高齢者へのプレゼントになるような品物もありました。例えば携帯電話型の小型補聴器で、これは市内の中小企業が開発した製品です。ＢＵＹかわさきの名産品と同様に優れた工業製品についてもブランド認定を行ってＰＲすることにしたのが「川崎ものづくりブランド」です。これと同じ事業はすでに東大阪市では実施されていました。川崎市では遅ればせながら市内特産品の対外宣伝に乗り出したわけです。

工業都市・川崎市は製造品出荷額では全国的に見ても突出していますが、小売りについては東京と横浜への依存度が高く、多くの市民が高額の買物は東京や横浜で行います。大きなデパートも川崎市内には立地しませんでした。一時期話題になった高島屋は川崎市側ではなく、多摩川を挟んですぐ隣りの東京都の二子玉川に立地しました。ＪＲ川崎駅東口にあった西武デパートも撤退してしまいました。歴史の古いさいか屋ががんばっていましたが、これもついに撤退してしまいました。

東京と横浜の谷間と見られてきた川崎市では、市民がわざわざ他所まで行かなくてもいいようにとの考えで立地した有名店が次々と閉店に追い込まれていきました。川崎市内に有名店の支店ができても市民はそこへ買物には行きません。川崎市は便利なまちですから、首都圏の一流店の本店まですぐに買物に行けます。市内に立地した支店が実はその本店と競争になっているとは思ってもみなかったことでしょう。川崎市民は本店の方に買物に行っていました。

私は川崎市長に就任する前は地方の村おこしの手伝いをしていました。多くの地域が人々を村へ呼び入れようと苦労していました。それと比べると川崎市は、すでに多くの人々が住んでいるわけですから、商店街活性化のためにあまりやることはないだろうと思っていました。ところがそれは間違いでした。人が多くいて恵まれている分だけ対応が甘くなり、村おこしの人々に比べて創意工夫や努力が足りないように感じました。

06年にJR川崎駅前にラゾーナ川崎プラザが開業し、全国有数の売上高を誇っていると聞いていますが、これは他都市から客がやってくるショッピングセンターです。それだから本店志向の川崎市民もそこへ買物に行くのだと思います。川崎の地域おこしは、市民満足だけを考えるとうまくいかず、首都圏満足や日本国民満足まで考えるとうまくいくように思います。小さな商店街でも「もとすみブレーメン通り」のように創意工夫でがんばっているところもあるわけですから、発想次第、やり方次第ではないでしょうか。

敬老無料バス乗車証の有料化

高齢者になると一般に収入が減る一方で体力的には外出が億劫になります。高齢者の外出を支援する取り組みとして、市は70歳以上の市民に敬老特別乗車証を交付していました。これを見せると市営バスはもちろん、市内を走る民営バスも無料で乗車できました。

外出が億劫になった高齢者やボランティア活動などで活躍する高齢者にとっては、大変有難い支援だったと思います。しかし一方では大きな問題が指摘されていました。70歳以上の市民全員が交付の対象ですから、寝たきりの人や高齢者福祉施設に入所していて単独では外出できない人に対しても一律に交付されていました。市は乗車証の代金をまとめて市の交通局と民間のバス会社に支払っていましたので、実際には使用できない市民の分まで市が支出しており、そのことが問題になったのです。

実際には、バス事業者と市との間で利用率を計算し、利用していない分を推計してその分を割り引いて支払っていたわけですが、寝たきりの市民の分まで市が払っているのはムダだという批判が問題に火をつけたわけです。利用率の計算が正確かどうかということが本当の問題だったのですが、これがまたドンブリ勘定だったので、市バス事業を支援するために利用率を実際より多く計算することも可能でした。

そこでこの事業を行財政改革プランにおいて見直し、より正確にすると同時に過剰サービスを削減するという改革を行うことにしました。そのためには有料にして実際の利用状況を把握するのがいいと判断しました。無料だったものを有料にするわけですから、そう簡単なことではありません。まず有料の金額はいくらがいいのかということになるわけですが、特に合理的な根拠があるわけではありません。子どもが半額だからそれに合わせればいい、というもっともらしい案に落ち着きました。さて次に定期券の場合はいくらがいいのかということですが、乗車1回100円の料金ですから10回分で月に1000円がいいだろうということになりました。6カ月はその6倍、1年定期は12倍と単純な料金にしました。

かなりのドンブリ勘定だったわけですが、これを少しでも合理的なものにしようとすれば、期間の長い定期券は割安に、また所得に応じて差をつけて、ということも考えられました。しかし川崎市ではその方式を採用しませんでした。所得証明が必要になり、高齢者側も事業者側も事務手続きの負担が増えるからです。他都市では、この事務手続きによる手間や負担を発生させた例が少なくなかったようです。

単純明快な方式を採った川崎市では、市からの補助金が従来の半額になり、この方式によって以後10年間は事業を継続できるという試算もできました。対象年齢は改革前と同じ70歳以上としましたから、対象市民の数はどんどん増えていきます。しかし有料としたことによって利用者の数も金額も計算しやすくなったと思います。04年にこの改革は実行に移されましたが、13年に私が70歳で市長を退任し、その後市内での諸活動のためにバスを利用することが多くなりましたので、私自身がこの改革後の高齢者特別乗車証を有難く活用させてもらっています。

この高齢者特別乗車証の利用者の中に横田滋さんがいました。北朝鮮による拉致被害者横田めぐみさんの父親です。横田夫妻は川崎市内に住んで拉致被害者の救出活動を行っており、住居近隣の人たちが積極的にそれを支援していました。川崎市も行政としてその支援活動を行っており、ある日横田夫妻が市役所に御礼の挨拶に見えました。ちょうど滋さんが70歳になったばかりで、滋さんは私にバスの無料乗車証は大変有難いと感謝の言葉を述べました。私はこんな形で特別乗車証が役に立っているんだと思いましたが、実はこの時点では縮減の方向で改革することをすでに決定していました。このへんが行財政改革の難しいところです。市民に感謝されていても改革しなければならないこともあります。受益者の感謝とは別に、その負担者に対する配慮も必須だからです。受益者が感謝するのは当たり前のことで、それだけを考えて助成するのはバラマキです。負担者の側が納得する助成でなければ行政は成り立ちません。

川崎市民である横田夫妻への支援は、近隣住民とも協力しながら積極的に行ってきました。市立平和館への常設展示コーナーの設置や各地での展示キャンペーンなどを行い、姉妹友好都市あての手紙の送付も行いました。当時のアナン国連事務総長にも手紙を出し、これに対する返事ももらいました。多くの人たちの大変な努力にもかかわらず問題解決に向けた進展がないのは誠に残念なことです。

市民アカデミーの改革

市民アカデミーは生涯学習事業で、市民の間では比較的人気がありました。内容は多種多様で、まさに公営のカルチャーセンターでした。その受講者の中からは地域活動で活躍する人々も多数出現していました。

川崎市には看護短大以外に市立の大学がなかったので、その代わりに市民アカデミーに行政が力を入れてきたのだという話も耳にしたことがあります。講師陣には東京大学の教授陣が多く配置され、なかなか魅力あるアカデミーのようでした。前市長の子息が東大教授をしていて、その人脈も一役買っていたようです。結構ずくめのようですが、実は大きな問題がひそんでいました。

受益者からは喜ばれていましたが、負担者側の行政から見るとその負担が大きかったのです。要はバラマキです。行財政改革で予測された年間収支不足の600億円の一部分を構成していました。受講者1人当たりのコストをカルチャーセンターに仮想して計算してみたら、年間20万円ほどになっていました。1講座の単価が4万円で年間5回です。受講者が払う講座料はその約5分の1でした。5分の4の16万円分は受講者以外の市民が負担していたことになります。

カルチャーセンターならば全額受講者負担が当然ですから、私は改革の方向として、地域学など社会貢献につながる講座の場合には半額補助、それ以外の個々人の趣味や教養中心の講座の場合は全額自己負担でいいのではないかと考えました。そしてこの改革案を発表しましたが、それに対して早速反対の意見が出てきました。東京都内に住んで市民アカデミーを受講していたという人からの手紙でした。川崎市は魅力がないまちだからそのくらいやらないと評価されないし、人も寄ってこないんだという内容に目を疑いました。同時に、当時の川崎市政もそんな考え方なのではあるまいかという危惧を抱きました。

私は市長になる前、川崎市の自宅を拠点に全国の地域おこしの手伝いをしてきました。謝礼もいただいてきました。他にも同じような川崎市民はたくさんいたはずです。東大教授も結構ですが、多様な市民が住み多様な能力を発揮している川崎市ですから、川崎市民同士が互いに教え合う安あがりのアカデミーにはできないものかと考えました。できることならば、市民の有識者を登録し、全国的に講師派遣を行い、謝礼の一部を事務局に積み立てて市民アカデミーの財源にしてはどうかと考えました。川崎市民が単なる受講者として学習し、そのための経費を市が払うという方式ではなくて、反対に他に対して講師として貢献し、謝礼を収入とすることによって市の財政負担をなくするという方式に転換してはどうかと考えたのです。

川崎市では市民アカデミーがあるために民間のカルチャーセンターが育たないと言われていました。地域活動の担い手を育成するためなら公費支出もありでしょうが、民間のカルチャーセンターのような講座に多額の公費支出をしているのですから、民間事業は競争になりませんでした。

私の提案はかなりの抵抗と摩擦を生んだようです。そして市民を他へ講師として派遣するという事業はついに実現しませんでした。しかし地域貢献につながる講座については市費からの半額助成とし、もっぱら個人の利益にしかならない他の講座については全額受講者の自己負担とする改革は実現しました。市の予算査定でそのように調整してしまったからです。

市民アカデミーの経費が高くついていた原因は、講師謝礼もさることながら、講座を実施するいわゆる「御座敷」の生涯学習センターの運営経費があったからです。経費を減額するために受講者たちによるアカデミーの自主管理を私は推奨しました。関係者たちは大変な苦労をしたと思いますが、改革を開始して10年後にNPO法人が設立され、受講者たちが参加する自主管理体制が整いました。関係者たちの奉仕的参加によるところが大きく、特に後に文化勲章を受章する藤嶋昭氏の貢献が大きかったと思います。

市民ミュージアムの改革

市民ミュージアムは、武蔵小杉に近い等々力緑地の中にあります。川崎フロンターレの本拠地の等々力陸上競技場に隣接し、近くにはとどろきアリーナというバレーボールやバスケットボール、トランポリンの国際大会などが開催される総合体育施設もあります。川崎国際環境技術展もこのアリーナで毎年開催されます。

市民ミュージアムは1988年に博物館と美術館を兼ねる施設として建設され、漫画関係に強いという特色があります。オープン直後は年間30万人もの来館者がありましたが、その後は遠く及ばず毎年8万人程度で低迷していました。建物が立派で目立っていましたが、運営はうまくいっていませんでした。2008年に開館20周年を迎え、「市政だより」の一面でそれを紹介することになり、担当者が表紙を飾る写真の案を私のところに持ってきました。建物だけが大きく写された写真の案でした。私は建物ではなくて内容はないのかと注文をつけました。

市民ミュージアムは教育委員会の所管で川崎市生涯学習財団が受託管理をしていました。

はないかと主張しました。中世における京都の位置づけと川崎市の位置づけは違うのではそれよりも日本の近代工業化の拠点として発展してきた臨海部の位置づけの方が高いので灌が鶯に兜を奪われる夢を見たので築城をあきらめたと言われる夢見ヶ崎も悪くはないが、もっと川崎市の特徴を大きく出してもいいのではないかとクレームをつけました。太田道

歴史の分野は古代から始まる平凡な展示で他都市と似たようなものでしたので、私は態でした。

強いため、市民に広くアピールする大きな企画やテーマを突出させた催しがやりにくい状今後の方向が無視されており、ただの悪平等ではないかと思いました。分野ごとの主張がした。学術的にはどの分野も大切でしょうが、川崎市というまちの特色やミュージアムのされていました。各分野平等にということなのでしょうが、私はそれはおかしいと思いまにしました。学芸員は9つの分野に分けて配置されており、それぞれ2名ずつ均等に配分

改革を具体的に進める前に私は、学芸員を主とするスタッフたちと意見交換を行うこと民がそこに住んでいるわけです。私は大胆な改革が必要だと思いました。

すぎないと思いました。近くは住宅密集地で、徒歩圏だけでも地方の都市並みの多数の市きた私から見ると川崎市全体が便利なまちであって、交通の便が悪いというのは言い訳にないと思いました。確かに鉄道の駅からは離れていますが、地方の地域おこしを手伝って来館者が少ない理由として交通の便が悪いということをあげていましたが、私はそうでは

ないかと私が言いますと、若手の女性学芸員が「悲しいですね」と一言発しました。どうしてと聞くと「川崎の市長さんが川崎の貴重な歴史をそんな目で見ているなんて」と言い放ちました。

この市民ミュージアムの改革を進めるに当たっては、外部の有識者を中心とする検討委員会を設けることにしました。ミュージアムは教育委員会の所管で川崎市生涯学習財団にその運営を任せていましたから、検討委員会も教育委員会の中に設けました。当時の教育長は私が市長として任命した教員出身の河野和子氏でした。人事委員会事務局長からの異動でした。検討委員会の委員長には自治体改革について多数の著書を出版していた某大学教授を私が人選し教育委員会から委嘱しました。

委員会にはミュージアム運営の将来の方向性や入館者の数を開館当初のレベル（年間30万人）まで引き上げる方策などについて諮問しました。いい案が出てくるのではないかと期待していましたが、結果は全くの期待はずれでした。報告書案には私が求めた将来の方向性も期待できるものはなく、入館者を増やす方策についても納得できるものはありませんでした。それどころか、過去の経緯をいろいろと並べて、ミュージアムがいかにうまくいっていないかということを述べたうえで、トップの責任が重いと指摘し、トップがきちんと管理しないといけないというような内容を中心にまとめてありました。

そんなことは百も承知で、それだからこそ私が市長になって改革を進めたのであって、改革の具体的な処方箋を委員会に託したわけです。過去の分析は得意でも将来の見通しには不向きな委員たちだったなと思い、人選が失敗だったのではないかと反省しました。そしてその後は外部の有識者には依存せず、内部の職員たちで改革案を練る方向に切り替えました。

ちなみにその委員長は、関西の有名な市長のブレーンと言われ、東京にも招かれて有名首長のブレーンにもなりました。頼んだ私が憤慨していることを知ってか知らずか、彼はある大手新聞に記事を投稿し、川崎市の市民ミュージアムの過去の問題点をデカデカと載せ、トップの責任が重いとする指摘を行いました。私はその元となった報告書を全く認めておらず、市が委員会に出した資料をそんな個人的な投稿のために使うことを認めてはいませんでしたから、彼に抗議の手紙を出しました。

私の抗議に対する返事として彼は、私が認めていない市の資料を使って書いた著書を送ってきました。不愉快きわまりない彼の著書を私はすぐにごみ箱に捨てました。

そんなわけで市民ミュージアムの改革は内部のスタッフ中心で実施することにしましたが、それにしても従来からの惰性に流される危険性は排除できないと思ったので、次の策として民間人を館長に招くことを考えました。06年に館長を公募しましたが、応募者の中から最終的に選んだのは当時小田急美術館の館長をしていた志賀健二郎氏でした。任期付職員として彼を採用して館長の職を任せました。

彼は私からの期待に応えようと必死に努力をし、いくつかの問題点を解決してくれましたが、最終的には管理システムの複雑さなど根の深い問題点に行き着き、行政当局でないとその問題は解決できないという引継事項を残して職を去ることになりました。そんな事情から次の館長には、市長部局で行財政改革を担当してきた職員を配置し、行政の直轄という形で改革を進めることにしました。

将来の方向性としては、川崎市の特性を正面に出した広域的な発信、身近な市民活動とのコラボ（例えば川崎フロンターレ関係）、そして漫画等の従来からのコレクションの強みをさらに発展させた特色づくりという3点セットが明確になってきました。そしてこの方針に基づく新しい運営によって入館者数も増えてきました。

水道事業のダウンサイジング

川崎市の水道事業は、黒字経営で優良事業でした。しかし一般会計と同様に飽満財政が放置され、全体に水ぶくれしており、改革の余地が十分にありました。

02年に策定した行財政改革プランを実行していく過程において、水道事業についても専門家から成る経営改革検討委員会を設置して検討を加えることとし、そこから改革案を提案してもらいました。改革の内容は一般会計分野と同様に人件費等の諸経費の削減が中心でした。そして提案された内容の改革を着実に実行していきましたので、水道事業の財務体質はさらに良好になり、黒字基調が定着していきました。

しかしこれで一件落着かと思ったらそうではなく、さらに大きな構造的な改革の余地があることが判明しました。それは給水量の大幅削減と給配水施設の規模の縮小という大改革でした。水道事業から工業用水道事業に水を売っていたのですが、工業用水道事業は給水能力が大幅に過剰になっており、その分は実際に給水しないのに水道事業に対して料金を払っていたわけです。最終的には責任水量として企業が負担していました。工業用水の料金設定は、当初の契約時からの責任水量制と使用水量に対する極端な逓増料金制のセットで行われていました。景気が低迷し海外移転も進む中で工場の縮小や節水が進み、企業は責任水量の負担で苦しんでいました。

私が市長に就任して早々から料金軽減の要望がずっと続いていました。それまで市は、高齢者福祉や児童福祉などを拡充するための財源を企業等からの豊富な税収に依存してきましたが、負担側の企業に対しては高い水道料金を求めるなど厳しい対応を行ってきました。私は、石川県商工労働部長時代に企業誘致を担当した経験から見てこれはひどすぎると感じました。そこで責任水量制と逓増料金制を徐々に緩和していきましたが、一挙にやってしまわなかったのは、企業を優遇する改革に対するアレルギーがかなり強く残っていると感じたからです。

工業用水道事業も黒字でしたが、水道事業から買ってまで確保してある水の量にはかなりの余剰がありました。実際には使用しない水を水道事業から買い取ることにして代金を払っていたのです。水道事業の確保水量は1日約100万トンでしたが、その1割弱を工業用水道事業が買って料金を払っていました。そこでとりあえずその半分を水道事業に返すことにし、工業用水の料金引き下げの財源をそこから生み出すことにしました。残りの半分は、私が市長を退任してからの課題となっています。

一方、水道事業としてもその分は余剰水量ですから、それを確保しておく意味がありません。そこで今度は、水道事業そのものの余剰水量がどのくらいあるのかを計算してみました。確保してある水量は1日約100万トンで、そのほかに東京都へ提供している水量が1日23万トンありました。川崎市内の総需要はどのくらいかを計算しましたら1日約65万トンでした。

市の人口は30年に約150万人で頭打ちになると推計されており、しかも節水が進んでいますから、かなりの余剰水量であることが分かりました。東京都への提供分はいいとして、市内の必要水量は4分の3で済みます。4分の1の25万トンを減らしてもまだ10万トン余ります。

ここから水道事業の大改革はスタートしました。水道事業全体について4分の3の規模までダウンサイジングするという計画を立てました。10年度から上水道事業と下水道事業を統合して上下水道事業管理者を置くことにしましたが、後に副市長となる斎藤力良氏が初代の管理者になった時だったと思います。

水道事業のダウンサイジングは、計画水量を4分の1減らし、それに伴い配水系列の施設も減らし、必要人員も減らすというものでした。16年完成の予定でしたが、完成後の年間経費の節減額は約50億円（全事業費約400億円）という試算が出ました。

多摩区長沢地区にある2系列の浄水場のうちの1系列を廃止し、生田地区にある多摩川の伏流水を水源とする生田浄水場の水道部分を廃止するというダウンサイジング計画を立て、それを実行に移しました。生田浄水場については、工業用水部分と緊急時対応の部分だけを残すことにしました。

水道事業は黒字経営であるうえにこのような改革を進めるわけですから、経営体質はますますよくなります。その見通しのもとに私は水道料金の引き下げを提案しました。しかし事務当局も議会も後ろ向きでした。公共料金は上がるものとの相場ができており、いつまた上げることになるか分からないという不安があったためでしょう。

しかし私は、工業用水の料金を引き下げ、水道事業全体の大改革も実施するわけですから、黒字の一部を市民に還元するのは当然だと考えましたので、各家庭一律に月額50円の負担軽減を実行しました。その後の水道料金のベースとなるように恒久化することもできたのですが、妥協して期限を切ることにしました。議会からはパフォーマンスだという批判もあり、あまり歓迎されていないようでしたが、結果は賛成で通りました。

他方、多摩川の伏流水を使っていた生田浄水場の改革については、かなり強固な反対運動が起こりました。近くを流れる多摩川から取水していますから、遠く津久井湖や酒匂川方面から取水している高価格の水を減らせば生田浄水場の水道部分を廃止しなくてもいいではないかというわけです。もっともな反対であり、確かに一理あります。しかしそうならないところが行政の難しいところです。

市はすでに、1日100万トンの水量を確保するために、神奈川県西部の津久井湖などの水源開発事業に参加し、ダム建設費などの負担を契約し、神奈川県内広域水道企業団にその負担料を支払い続けてきました。反対運動の人たちはこれを反故にして支出をやめろと言うわけです。これは自己中心で他を考えない主張で、それを実行すれば全体の枠組みが崩れますし、あるいは巨額の違約金を払うことになるかもしれません。

遠くからの高い水をやめて近くの水を、というのは一理あるだけにやっかいなことです。政治運動としては格好のテーマで、改革のために当局が妥協できないことを知っての反対運動ですから、いつまでも続けられます。一般市民からの署名もたくさん集まったようです。「遠くからの高い水をやめて近くの水を」というスローガンは、いわばレッテル張りの一種ですが、この種のレッテル張りだけで政治が望ましくない方向に動くことも少なくないのではないかと思います。

私の体験では実際の行政はもっと深くて複雑です。一般市民にはすぐに理解されない部分が重要だったりします。責任ある行政を担おうとする首長たちには、あえてその底の部分を処理することによって実績をあげて欲しいと思います。

川崎市の水道事業の改革は、全国に先駆け、将来の水需要を踏まえて、浄水場の統廃合により給水能力をダウンサイジングするとともに、浄水施設等の耐震化を進めてきたとして評価され、公益法人日本水道協会の水道イノベーション賞特別賞を16年度に受賞しました。私は「菊づくり菊見るときは陰の人」という句を思い出しました。私は13年11月に市長を退任していました。

ごみ処理行政の改革

私が川崎市長に就任して最初に行われた市民アンケート調査の結果を見ましたら、市民から最も高く評価されていたのがごみ処理行政でした。当時、普通ごみの収集は週4日で、他の都市の週3日や2日と比べると突出していました。事業系のごみも1回10kgまでは普通ごみとして無料で市が収集するというサービスぶりでした。

1993年の川崎市長選挙では、現職の高橋清氏（元助役）が当選し永井英滋氏が敗れましたが、永井氏が当選するとごみ収集車が来なくなるぞという市職員を巻き込んだ選挙運動が功を奏して高橋氏が勝ったとのことでした。それから8年の時が流れ、私が当選した01年の選挙の際には少し状況が変化してきていました。私は選挙ではごみ問題には触れず、ただ人件費の削減だけを強調しました。市民ニーズとしては、改革の必要性の方が強かったために私が現職の高橋氏に勝ったのだと思います。

私が最初に取り組んだ改革は、普通ごみと事業系ごみとを分けることでした。事業系ごみは自己負担が原則となっており、普通ごみでさえも有料化する方向に世の中が進んでいた時期ですから、この改革は当然のことでした。まず事業系ごみは市では収集しないこととし、事業者に対しては自ら処理場に持ち込むか民間業者に委託するかの対応をするようにとの広報を行いました。そして商店街関係者に説明を繰り返した後、04年度当初からそれを実行しました。

それまでは1回10kgまで週4日普通ごみとして市が収集していたわけですから、大変な変化でした。この改革によって収集車両を減らし、職員数も減らすことができました。行財政改革プランでは最初の3年間で1000人の職員を減らすこととしていましたが、この改革による削減もその一部になりました。

普通ごみの収集回数を1日減らすと約6億円の支出削減になります。そこで次の改革の目標は普通ごみの収集日数を削減することに置きました。ほぼ毎日ごみを出せるということが市民からの高い評価につながっていたようですが、市の境界近くに住む東京都民や横浜市民もこれを喜んでいるとの噂もありました。毎日朝、市境を越えてごみを出すと川崎市が全部持っていってくれるので有難いというわけです。

収集日数の削減は07年度から実施しました。市民サービスの削減でもあるわけですから、町内会・自治会などに対する説明を繰り返し、廃棄物減量指導員の協力も得て実施に踏み切りました。そしてその後もごみ減量などのタイミングを見ながら収集日数を減らし、最終的には他都市並みの週2日収集まで進めることになりました。ちなみに隣りの横浜市は比較的早く週2日に移行していました。

ごみ収集日数の削減とごみの減量化はセットです。収集担当者や運搬車両、あるいは地域の集積所などの負担が増えないように配慮する必要があります。そのため、ごみの再資源化を同時に進めました。新聞・雑誌、ガラス、ペットボトル、空きカン、金属片などの分別はすでに行われていましたが、生ごみを堆肥化するモデル事業や廃プラスチックの分別収集の試行などを開始しました。廃プラ分別の試行については、市域の半分でまず先行させ、一定期間を置いて全市展開を行いました。

この方式は、次のミックスペーパー（雑紙）の分別収集でも採用しました。廃プラやミックスペーパーの収集は外部の事業者に委託しました。川崎の臨海部には雑紙を再生する企業が立地していましたから、その原料調達にもなっています。市北部からの運搬には鉄道も使っており、これは細長い川崎市の利点でもあると思います。

川崎市のごみ処理行政の改革は、このようにごく普通に収集日数の削減とごみの再資源化に始まりましたが、やがてそれだけにはとどまらず、ごみの大幅減量化達成後の次のステップすなわち廃棄物処理場の削減へと発展しました。

川崎市には4カ所の廃棄物処理場があります。臨海部の浮島処理場、川崎区と幸区の境にある堤根処理場、高津区の橘処理場、麻生区の王禅寺処理場です。ごみの減量化が進みましたので、この4カ所のうち1カ所を廃止することが可能になりました。しかし単純に特定の場所を廃止してしまうと建替えの際に代替する処理場がなくなってしまいますから、4カ所のうち1カ所の建替えを行い、その間3カ所で処理を続け、完成したら次の建替えを始めるということで、1カ所は建替え工事、他の3カ所は常に稼動というローテーションを組むことにしました。それぞれ30年稼動で10年単位で建替えを行うという方式です。

そしてまず最初に古くなった高津区の橘処理場の建替えから開始しました。このローテーション方式での改革による年間の節約効果額は約18億円と試算されました。

川崎市は多摩川に沿って細長い市で、JR南武線が多摩川沿いに縦貫しています。また貨物線も地下部分を縦貫しており、これが川崎臨海部と日本各地を結びつけています。地下部分が多い貨物線ですが、ちょうど川崎市の中間地点の高津区梶ヶ谷という所で地表に顔を出します。市北部のごみのうち臨海部で処理するものは、この梶ヶ谷で貨車に積み込まれます。

この貨物線は04年の新潟県中越地震の際に新潟県から粗大ごみを運んでくるのに大きな役割を果たしました。大震災の際に助け合うのは当たり前のことで、川崎市はたまたま貨車でごみを運ぶのに慣れていたわけで、震災で困っている新潟県のごみ処理を手伝うのに何の躊躇もありませんでした。むしろ問題は、ごみの移動禁止、市町村の自己処理の原則でした。これを何とかクリアして協力したわけです。

後に新潟県の泉田裕彦知事が川崎市にお礼を言いにやってきました。その際新潟の特産の牡丹海老を持ってきたのには驚きました。というのは、海老は私の嫌いな食べ物だったからです。それで喜んだのは私のまわりの秘書課の職員たちだったのではないかと思います。

このごみの鉄道運搬は、東日本大震災の際に日本中で大きな話題になりました。震災から1カ月にもならない4月7日に私は福島県庁を訪問しました。そして佐藤雄平知事を慰問した際に、日用品や簡易トイレ、自動車などの提供とともに福島の瓦礫の処理を手伝うということを提案しました。川崎市長としては、これまでの経験から当然のことを言っただけのことでしたが、これがマスコミで大きく取り上げられ、たちまちのうちに大きな反対の渦を巻き起こすことになりました。市民などからのメールや手紙がすぐに6000件を超え、反響の大きさを思い知ることになりました。中には、福島出身の阿部市長が地元に銅像を建てたいんだろうというのもありました。

名古屋の目立ちたがり屋らしいある学者が福島の瓦礫はすべて放射能に汚染されている

という根拠のないネット配信をしたために、これを引用して鬼の首でも取ったように強く言ってくるメールも多々ありました。不安を煽るデマが緊急時には出回りやすいということを実感しました。その学者は後に宮城県や岩手県の農産物についても放射能に汚染されているから食べてはいけないと公言し、ある市長から厳重な抗議を受けていました。そしてその数年後のある日、東京都知事が小池百合子氏になって市場移転の問題が大きく報道される中で彼が全国放送のテレビ番組に出演してコメントしていました。この学者の心ない発言によって大震災の時に多くの自治体が迷惑を被ったことを生々しく思い出してしまいました。被災地の自治体も瓦礫処理を協力しようとした自治体も大変な迷惑を被ったのです。マスコミによる話題提供が人々の不安を煽り、問題の解決を困難に導くようなことが起こらないことを願ってやみません。

病院事業の改革

JR南武線と小田急線が交差する登戸は多摩区の拠点であり、その登戸駅の近くに市立多摩病院が開院することになりました。前からの計画で、私が市長に就任してからすぐに着工になり、05年度に完成し開院することになりました。

市営の病院としては市立川崎病院(川崎区)、市立井田病院(中原区)に続く3つ目の総合病院で、市としてはこれらを総合的に管理運営することが必要になりました。先行する2病院は赤字続きで、大胆に改革する必要がありました。

公営企業の改革のうちで特に病院事業の改革が難しいことは、かつて2度自治省の公営企業第一課に勤務した経験で知っていました。制度が難しいことも知っていました。病院事業の財務については民間企業と同じ企業会計方式が法律で義務づけられていましたが、人事・労務関係については地方公営企業法の適用の仕方によって違いがあり、民間と同じ方式にするかどうかは自治体の任意の判断に任されていました。

そこで私は、05年度から地方公営企業法を全部適用して民間方式を採用し、病院事業管理者（民間で言う社長）を置くことにしました。それまでは健康福祉局に窓口となる担当部署があるだけで、各病院は院長を中心にそれぞれ別々に管理運営されていましたが、財務や人事を経営的視点からきちんとチェックするという面で弱点がありました。看護師の給与が各種の特殊勤務手当で高くなり、医師の給与が比較的低いという本来の姿とは逆の姿が見られました。労働組合が強かったからでしょう。

病院事業管理者の新設をきっかけにして大胆な病院事業改革を実行しようと考え、適任者の人選を進めました。各方面から自薦他薦の声がありました。それぞれすばらしい人材のようでしたが、大きな改革ができるかどうかについては確信が持てずに迷いました。そんな中で市立鹿児島病院でかつて改革を実行し、当時埼玉県の病院事業管理者として改革を進めていた武弘道氏が話題にのぼり、病院事業の改革では全国的に知られていた武氏を招いてはどうかという話が出てきました。ある大手新聞の記者から伝わってきた話ですが、その記者は内々武氏に川崎市の改革について話をしたら前向きの感触だったというのです。武氏の埼玉県での任期はまだ1年残っていたので難しいとは思いましたが、念のためこの話を進めてみることにしました。担当者を武氏のところに派遣して確認してみたら、埼玉県知事さえ認めてくれれば移ってもいいという返事でした。

私は、かつて埼玉県庁に勤務したことがありますが、その懐かしい埼玉県庁を訪問して上田清知事にお願いをしました。知事は、武氏の4年の任期のうちこれまでの3年で改革の目途はついたから武氏がよければ割譲してもよいと応じてくれました。

武氏は、鹿児島市立病院に勤務していた1976年にNHKの山下さん夫妻の5つ子をとりあげ、日本で初めて多胎児を無事に生育させた医師として話題になった人です。10年以上に渡る病院事業改革の実績をもって川崎市に移ってきてくれました。後で聞きましたら、武氏は全国の自治体病院のデータを揃え、どの病院にどんな問題があるかをすでに研究していて、川崎市の病院にいろいろな問題があることを知り、関心を持っていたというのです。

武氏は、川崎市の病院事業管理者を快く引き受けるとすぐに事業の改革に取り組んでくれました。改革には4つのポイントがありました。1つ目は職員の意識改革で、自分たちの病院を自分たちで良くしていくんだという意識を職員の間に徹底させることでした。２つ目は、市民が信頼できる病院として必要な体制を整えること。３つ目は高い看護師の手当等をカットするなどによりコストを下げること。４つ目は、医師・歯科医師については勤務成績の評価に応じてボーナスを支給するシステムにするということでした。

まず出発点は病院職員の意識改革で、市長も一緒に各病院に出向いて直接改革の必要性を訴えて欲しいと武氏は言います。武氏ほどの人でもやはりそうなのかと思いました。自治体の改革では首長の役割が非常に大きいことを確信し、また首長が音頭を取れば大きな改革ができるということも確信した次第です。職員たちは、本心ではつらかったと思いますが、必要性を納得して協力してくれました。市長部局の改革でもそうですが、給与を削減された当の本人たちが川崎市政の改革を着実に実行してくれたのです。

市民に信頼される病院として機能を強化することについては、市立川崎病院に２００６年４月から救急救命センターを開設しました。それは武管理者になって2年目の当初からのことです。この流れは武氏の後の秋月哲史管理者になってからも引き継がれています。救急患者の受け入れや災害時対応のＤＭＡＴ（災害派遣医療チーム）、そして羽田空港に近いことに伴う国際的な感染症への対応、ひいてはキングスカイフロントを中心とする医療イノベーションへの対応などまで含めて市立川崎病院が積極的な役割を担うようになっています。

市立川崎病院がそれまで慢性的に赤字体質になっていた原因は、看護師の給与が高かったこと、物品調達でのコストダウンの努力が不足していたこと、医師・歯科医師ががんばるためのインセンティブが不足していたことなどにありました。看護師の給与については、保健看護手当、病院等勤務手当、不規則勤務手当の3つの特殊勤務手当を削減するなどして他都市の水準まで支給額を引き下げました。その効果は05年度約5300万円、06年度約1億2000万円となりましたが、それに物品調達のコストダウンや収益増などが加わり、市立川崎病院はすぐに黒字に転換しました。医師・歯科医師のインセンティブ導入も効いたようですし、看護師から副院長を選任することにしたのも士気高揚には効果があったものと思います。

市立井田病院は、がんに強い病院としての評価を高めつつありましたが、いかんせん施設が古く効率的でありませんでした。また井田病院の将来の方向性が定まっていなかったこともあり、厳しい経営が前々から続いていました。その後がん等の特殊部門に強い病院として井田病院を位置づけるという方向性も決め、施設の改築にも着手しました。12年度に一部リニューアルオープンしましたが全体の完成は次の市長の時代です。市立多摩病院は、近くに聖マリアンナ医科大学病院があることから、同大学に指定管理者として経営を担ってもらっています。聖マリアンナが両病院を機能的に連携させてくれることが期待されています。

人件費の大幅削減

市長就任2年目の02年7月に財政危機宣言を行い、9月に3年間で職員1000人削減等の厳しい行財政改革プランを発表し、それを実行に移しました。

03年度から退職者不補充のために新規採用を大幅に減らした結果、03年度の削減数は428人、04年度も同様に減らして442人の減、05年度は344人の減となり、当初の3年間で目標を超える1214人の大幅削減を実現しました。職員1人にかかる経費は、給料や手当等の給与、旅費等の活動経費、それに事務室や備品等まで含めると約1000万円となりますので、1000人の削減によって約100億円の一般財源の削減効果をもたらします。

役職ポストについては03年度に50、04年度に44、05年度に31を削減しました。出資法人はこの3年間に5法人廃止しました。特殊勤務手当は20種類廃止しました。退職時の特別昇給を廃止し、退職手当の支給割合の引き下げを実施しました。これらは職員にとって痛みを感じる改革ですから、管理者側の三役（市長・助役・収入役）のボーナスも減額（市長は特に半額に）し、市議会議員にもつき合ってもらいました。

このように自ら痛みを感じる改革を実施しながら市民サービスの縮減も実施しました。70歳以上の全市民に一律3000円を支給していた敬老祝い金の大幅縮減、市民保養所の廃止、生活保護受給者夏期年末慰問金の廃止、敬老特別乗車証(無料パス)の一部負担導入、在宅高齢者介護援助手当の見直し、粗大ごみや事業系ごみの処理手数料の見直しなどを3年間で次々と実施しました。

これらの改革により生み出した効果額は、03年度144億円、04年度新規に88億円、05年度新規に88億円ほどになりました。人件費等の毎年続く経費の削減は翌年度も効果が続きますから、04年度の合計効果額は144億円に88億円加えた232億円となり、05年度はさらに88億円加えた320億円となります。また外部委託に伴う職員数の減の場合は、人件費の削減額から委託による支出増を差し引いた額が改革効果額となります。

行財政改革プランで試算した収支不足額は年間約600億円でしたから、05年度の効果額320億円ではまだ不足分をカバーし切れていませんでした。そこで05年度に再度厳しい第2次行財政改革プランを策定し、次の3年間でも1000人の職員を削減することにしました。結果としては06年度に324人、07年度に363人、08年度に277人の削減を実施し、合計では964人で、計画した1000人には少し欠ける実績でした。

またこの時期には指定管理者制度を導入し、6年間で186施設までその導入を広げましたが、改革効果額は直営の場合と委託の場合との差額で年に9億円ほどでした。また引き続き役職の削減も実施し、06年度には94、07年度には48、08年度には38ポストを削減し、3年間合計では180ポストを削減しました。特殊勤務手当もこの時期に22種類を廃止し、当初から通算すると55種類から42削減し、13種類まで減らしました。給料水準も4・8パーセント削減し、同時に特別職の給料引き下げも実施しました。出資法人は2法人を廃止し、普通ごみの収集回数を週3回から2回へと減らしました。

改革効果額は06年度で85（累積計算では年間405）億円、07年度で99（504）億円、08年度で77（581）億円になりました。

行財政改革については、西の大阪、東の川崎と言われるほど両市はともに改革を必要としていました。川崎市は02年から本格的に市政改革を進めてきましたが、対照的に大阪市は05年度から開始した改革をめぐって市政が混乱し、市長が短期間で交替するという事態になり、さらに改革前の実態が大手新聞で大々的に報道され、厳しく批判されるに至りました。その頃ちょうど国では社会保険庁の「消えた年金」問題が槍玉に挙げられ、大騒ぎになっていました。国の社会保険庁と自治体の大阪市が双璧として批判の対象となり、どちらが先に改革を実現するのかが社会の注目を集めました。一方の川崎市は批判の対象とはなりませんでした。まだ改革を始めたばかりでしたが、厳しい改革プランを策定し、それに基づく改革が軌道に乗り始めていましたから、マスコミが記事にするならば「大改革実行中」ということになり、マスコミ的な面白さがなかったのではないかと思います。

最初にスタートした行財政改革プランでは、何と言っても人件費の大幅削減が最大の課題でした。一般会計の人件費比率が24％を占め、政令市平均の約17％を大きく上回る状況でし

効率的・効果的な行政体制の整備

効率的な職員配置

- 保育所の民営化
- 粗大ごみ・小物金属・空き瓶収集運搬業務の委託化
- 学校給食調理業務の委託化
- 市の施設210施設に指定管理者制度を導入

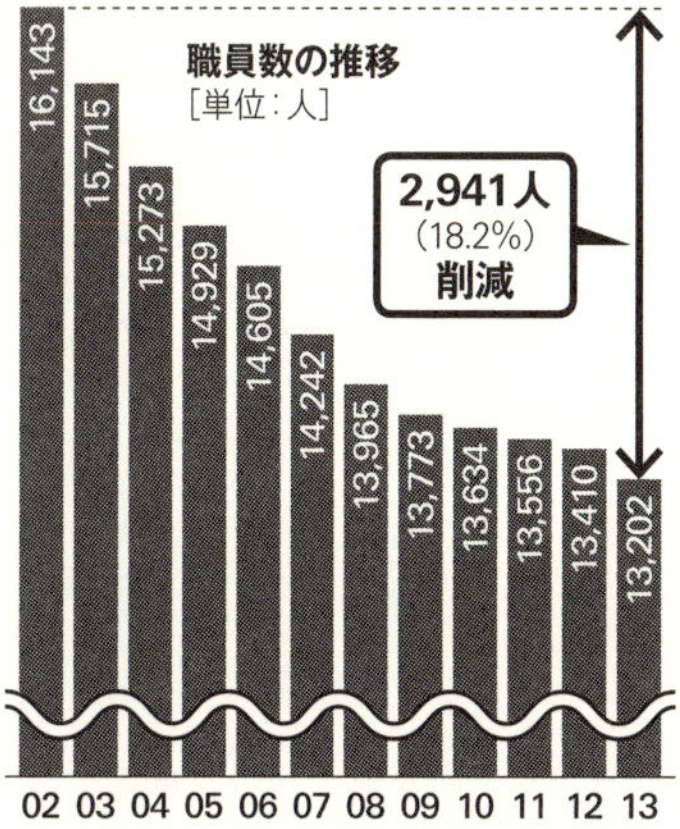

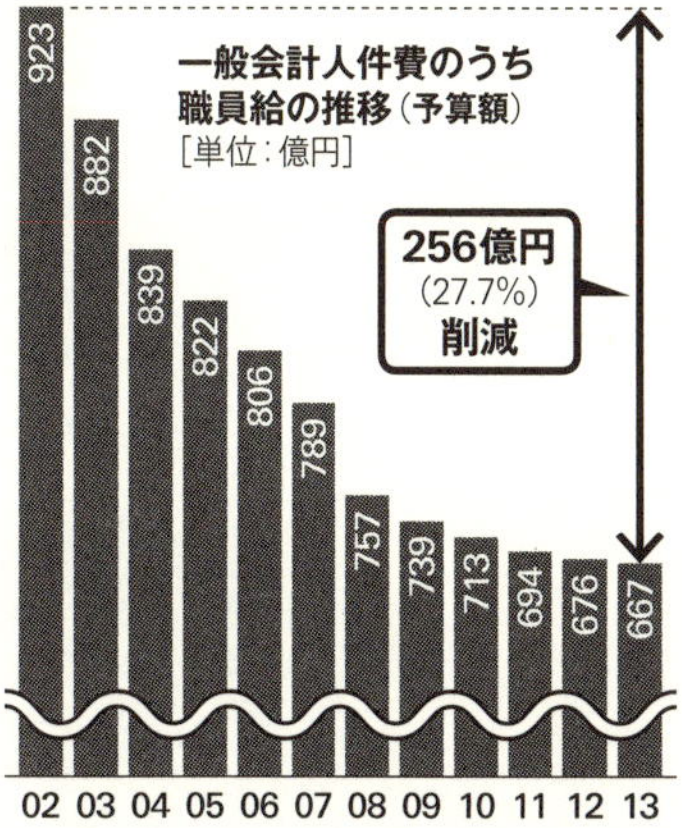

給与制度の見直し

- 給料表の抜本的見直しと
給料水準の引き下げ（平均4.8%）
- 特殊勤務手当の見直し
（55手当→12手当）
- 退職手当・管理職手当の見直し
- 市長など特別職の給料の引き下げ
- 職員福利厚生制度の見直し

出資法人改革の推進

- 統廃合等による12法人削減
- 役員を47.7%削減
- 派遣職員を217人引き下げ
- 経営情報の透明性の向上
- 自立的経営の促進に向けた
取り組みの強化

「これまでの行財政改革の取り組み」（川崎市）より作成

た。職員数が多く、しかも給料や特殊勤務手当も高いという状況でした。しかし一方、いわゆる団塊の世代と言われる職員たちの大量同時退職が近づいていましたので、給料の高い職員が退職した後に補充しないという方式で大幅な人員削減を実現することができました。

残された職員たちの負担が増えるのを極力避けるために、事務事業の廃止や縮小も大胆に進めました。むしろ改革によって事務事業の整理が先行し、余剰人員が出るくらいのスピードだったと言った方が正解かもしれません。

改革がスタートした02年度には、一般会計の人件費のうちの職員給与合計額は約923億円でしたが、第一次改革プランの成果が出た05年度には約822億円まで減少しました。約100億円の削減です。

私が市長を退任した13年度には約667億円になっていましたから、3期12年の間に約256億円(27・7%)を削減したことになります。職員の合計削減数も3期12年の間に2941人(18・2%)で、02年度の総数1万6143人から13年度には1万3202人まで減りました。

改革を踏まえた新たな取り組み

07年度の改革効果額は504億円ほどになり、当初に試算した年間収支不足額

600億円に近づいてきました。改革もここまで進みますと、新規事業も計画しながら収支不足を埋める改革を進めることができるようになりました。職員数についても単に削減するだけでなく増員も進め、両者の差をもって合計削減数を計算することができるようになりました。

この時期の改革としては、特に土地開発公社の塩漬け土地問題の処理が重点でした。公社が高い金利を払って抱えていた塩漬け土地の簿価総額は2153億円にものぼっていました。これを市が低利の市債を発行して公社の土地を簿価で買い取り、その土地を定期借地権で優良企業に貸すというやり方で、07年度には854億円になるまで減らしました。市債償還のための市費負担は増えましたが、それに見合う財源が企業から入ってくるようになりました。そして市の土地を借りた企業はそれを研究開発の拠点として活用することが多かったので、川崎市全体の研究開発都市への転換は一層進展を見せることになりました。

この時期には収支不足額600億円の解消が視野に入ってきましたので、新規事業にも積極的に着手できるようになりました。市立川崎病院への救急救命センターの開設、私立幼稚園保育料の補助拡大、小児医療費補助の拡大、小中学校の全教室冷房化事業の開始、住宅用太陽光発電への補助開始、川崎市アートセンターの建設着手、JR登戸駅舎の改築と自由通路の設置、ミックスペーパー(雑紙)の分別収集のモデル事業の開始などがそれです。日本で初のアメリカンフットボールのワールドカップを川崎市で開催したのもこの時期（07年）でした。

東京都稲城市と多摩市に近い麻生区はるひの地区では、小中学校併設のはるひの小中学校をＰＦＩ（Private Finance Initiative）方式で新設し、08年度から開校しました。08年度には市内の全小中学校の耐震化工事が完了し、トイレの快適化事業を進めました。

北京オリンピックへの代表選手を選考するスーパー陸上競技を開催するため、サブトラックの新設を含め等々力陸上競技場を整備したのも08年度です。土地の有効活用のために武蔵小杉駅前にホテルと合築で中原消防署を建設したのも08年度です。

ソフト事業の面でも、08年度は新規事業が多い年でした。映像のまち・かわさき推進フォーラムの発足、緑のカーテン大作戦の開始、福祉製品の日本初のガイドライン「かわさき基準（ＫＩＳ）」の策定、アジア知的財産フォーラムの開催、慶大・早大・東工大・東大の4大学との間のナノ・マイクロコンソーシアム連携の合意（09年1月）などで、特に大きな新規事業としては「川崎国際環境技術展」（09年2月）の初開催があります。

行財政改革の効果額が08年度には581億円に達する見込みが立ちましたので、事務事業のスクラップによる経費の減額だけではなく、スクラップした分を新たなビルドのためにも使えるようになりました。05年度からスタートした新総合計画「川崎再生フロンティアプラン」には「地域おこし」の発想による新規事業が多く採用されており、08年度のあたりからそれが実行に移されるようになりました。市長2期目の最後の時期です。

民間の事業でも新しい動きが見られました。例えば06年に川崎駅西口の旧東芝堀川町工場跡に新設された大型ショッピングセンター「ラゾーナ川崎プラザ」は3年目にして記録的な来客数となり、JR川崎駅周辺の雰囲気は一変しました。

市北部の麻生区黒川地区ではJAセレサ川崎が設置した大型農産物直売所「セレサモス」(08年4月)がオープンし、評判となりました。

環境技術を生かした民間の取り組みも目立ってきました。川崎駅の地下街アゼリアでは省エネ度の高い大型蓄熱空調システム(JFEが開発した蓄熱媒体「水和物スラリ」の活用)が導入され、臨海部では熱効率の高い天然ガス発電所が開業するなど、省資源、再資源化関係の事業が目立って増えてきました。これらが大々的な川崎国際環境技術展の開催へとつながっています。

中国の胡錦濤国家主席がJFEの廃プラスチックの再資源化工場の視察にやってきたのも08年度です。川崎市からの土産品として、自転車を漕ぐと浄水ができる自転車搭載型浄水器(市内の小企業の発明品)を贈りました。胡錦濤氏が川崎・横浜のあと奈良に寄っている間に四川大地震が発生しました。土産品は災害時に特に有効な発明品でしたが、残念ながら四川の震災対策には間に合いませんでした。

残された3大改革

08年度から開始した第3次行財政改革プランにおいても3年間で、1000人の人員削減を計画しましたが、この頃には新規事業も増えてきて増員も必要になってきていましたので、実績としては09年度192人、10年度139人、11年度78人の削減にとどまり、さらなる削減は大変厳しいものになりました。

この時期の改革効果額は09年度48（累積629）億円、10年度42（671）億円、11年度31（702）億円となりました。

11年度を初年度とする第4次の改革プランでは削減1000人、増員400人で差し引き600人の削減を予定することになりました。実績では12年度に146人、13年度に208人の削減となり、改革効果額は人件費が主なもので11年度31（累積702）億円、12年度50（752）億円、13年度35（787）億円となりました。

以上のように行財政改革は進みましたが、まだその後の大きな懸案として保育所の民営化、ごみ処理体制の再構築、水道事業のダウンサイジングが残っていました。この3大改革に着手した13年の時点で私は市長を退任しました。保育所の民営化は年に5～6カ所ずつ進めてきました。改革効果額は公営と民営の人件費の差額でしたが、それだけでもかなり大きなものでした。

3大改革の計画的推進

「川崎再生」の取り組みが概ねその目的を達成しつつある中で、「水道事業」「ごみの収集・処理」「保育事業」については、引き続き大きな改革効果が見込まれますので、これまでの取り組みに沿って、今後も計画的かつ重点的に改革を推進し、必要な市民サービスを将来に渡って着実に提供していきます。

水道事業のダウンサイジング

将来の水需要予測に基づき、給水能力を1日約100万㎥から適正な事業規模である75万㎥に縮小するため、12年度から潮見台浄水場を、16年度から生田浄水場を廃止し、長沢浄水場に機能を集約します。このように施設の再構築・組織のスリム化とともに、施設の耐震化等を進め、ライフラインとしての機能を確保していきます。

ごみ収集・処理体制の見直し

ごみの減量とリサイクルを推進するため、民間活力を活用しながら分別収集を拡大していきます。13年9月にはプラスチック製容器包装の分別収集を全市に展開し、これに伴い減量される普通ごみの収集回数を週3回から2回に見直します。引き続きごみの減量を進め、15年度には現在の4処理センター体制から3処理センター体制に移行し、効果的・効率的な収集処理体制の構築を目指します。

保育所の民営化

高まる保育需要や多様な保育ニーズに対応するとともに、効果的・効率的な保育所運営を目指して、公立保育所の民営化を推進しています。13年度には6園の民営化を行い、14年度時点で88園あった公立保育所のうち計31園が民営化されることになります。また、既存公立保育所の一部を「新たな公立保育所」として位置づけ、地域における子ども・子育て支援などを担い、市全体の保育サービスの質の維持・向上を図ります。

「これまでの行財政改革の取り組み」（川崎市）より作成

一方、普通ごみの収集回数の削減の場合は、人員削減や車両削減などがそのまま全額改革の効果額になります。普通ごみの収集回数をこの時期に週3日から2日へと削減しました。これはごみの減量化とセットですから、同時期に廃プラスチックの分別収集とミックスペーパー（雑紙）の分別収集を全市で開始しました。そしてさらに、ごみの減量化は焼却処理場の削減や縮小という大きな改革にもつながりました。4つの焼却処理場がありますが、そのうち3カ所稼動で1カ所は改築というローテーションで効率的に運営するシステムを確立しました。15年度にはこの体制で年間18億円の改革効果をもたらすことになると予定しました。

保育所の民営化およびごみ処理体制の改革と並んで私の退任後も続く大きな改革には、もうひとつ水道事業の大幅なダウンサイジングがありました。これらの改革を3大改革として次の世代に引き継ぎました。1日当たり100万トンの給水体制を4分の1減らして75万トンにするこの大改革は、2カ所の浄水場とその配水系統を廃止するもので、これが完了すれば年に50億円ほどの歳出削減になるものと予定しました。

これら3大改革の成果は、私が退任して数年経ってから出てくるものであり、順調に進められることを心から願いながら私は市長職を退任しました。

3期12年間に積み上げた改革効果額は単年度ベースで787億円（13年度）にのぼりました。年間600億円ほど不足するものと計算した02年度の財政危機宣言の時点と比べると、川崎市の財政は大きく好転しました。不足分をカバーして二〇〇億円ほどの一般財源の上積みが出るようになりました。この額をスクラップ・アンド・ビルドのビルド（新規事業）に充当することができるようになったわけです。

一方、市長退任時点の決算を見ると、財政が悪化しているようにも見える部分があります。それは市債残高の増加と委託費の増加です。行財政改革の過程で塩漬け土地の解消のために多額の市債を発行しましたし、キングスカイフロントや新川崎・創造のもり地区への先端企業の誘致のために多額の市債を発行して土地を取得しました。

しかしその土地は定期借地権で賃貸していますからその賃貸料収入が入りますし、建物等の固定資産税の増加ももたらします。つま

改革の効果額

02〜12年度（11年間）の行財政改革の
取り組みで787億円の改革効果

[単位：億円]

	03	04	05	06	07	08	09	10	11	12	13
											787
										752	35
								702	50	50
							671	31	31	31
						629	42	42	42	42
					581	48	48	48	48	48
				504	77	77	77	77	77	77
			405	99	99	99	99	99	99	99
		320	85	85	85	85	85	85	85	85
	232	88	88	88	88	88	88	88	88	88
144	88	88	88	88	88	88	88	88	88	88
144	144	144	144	144	144	144	144	144	144	144

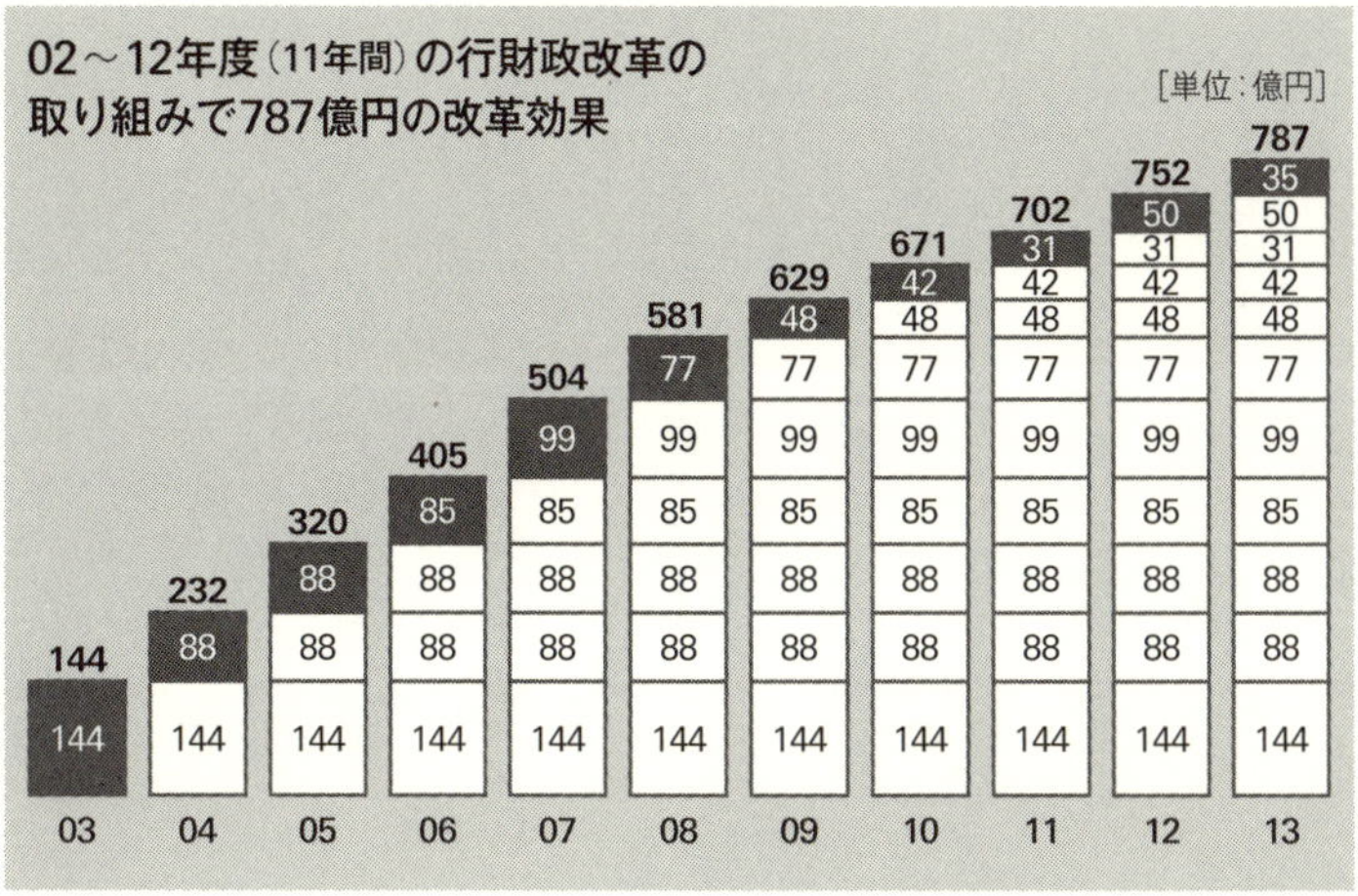

「これまでの行財政改革の取り組み」（川崎市）より作成

り市債返済のための財源が保障されているわけです。

委託費の増加は、新規事業の多くを外部委託に出していることによるものです。例えばごみ処理の場合、収集日を1日削減して人件費等を減らし、新たにプラスチック容器の処理やミックスペーパーの処理を民間委託で実施しましたから、人件費が減る一方で委託費が増加しています。またはるひの小中学校や多摩スポーツセンターの整備はPFI方式で民間に委託していますので、新規事業の増加そのものが委託費の増加になっています。従来の事業を単に外部委託にして職員数を減らしたというのとは全く違います。

私の退任後の市政運営は財務的には極めて楽になっているはずです。しかし油断は禁物です。かつてのように狭義の福祉や目先の需要を重視しすぎるとすぐに財政は悪化します。厳しい少子高齢化、人口そのものの減少が近づいているからです。川崎という地域を経営していくという広義の福祉とのバランスを保つことが極めて重要です。そうではなかったバラマキ行政の過去があり、市民の多くがそれに慣れているだけにとても心配です。

第3章

人材の活用と目標管理型の新人事評価制度の導入

政治は芸術、行政は科学

私は川崎市長になる前、役人生活を25年、大学教授を10年間経験しました。市長として3期12年間は政治と行政の実務を自ら行ってきました。大学教授として担当した専門は行政学で、特に行政管理理論や政策過程論、地方自治論などでした。こういった実務と研究を通じて感じたことは、政治は芸術に似て創造性が重要だということ、そして行政は政治が定めたビジョンを実現する科学にほかならないということでした。

芸術と同じように政治は、より良い作品を生み出すために創造性をめぐらし、構想を練り、ビジョンを描きます。題材は哲学や思想に従って自由に選び、その処理の方法も自由に選べます。そこで重要なのは価値判断であり、できあがった作品を評価するのは多くの愛好者や有権者です。芸術も政治もともにそのビジョンや完成した作品によって評価されます。政治は作品を完成させる過程において行政を活用します。

行政は政治が定めたビジョンを実現するために人材を集め組織をつくります。そしてその組織に予算を配分し、分業で作業を行います。ビジョンを具現化するためには、それに対応した複数の作業目標が必要であり、それぞれの目標に応じた作業体制を組まなければなりません。その過程では最少の経費でもって目標を達成(最大の効果)する必要があります。

行政は政治が定めた目標を実現するための手段であり、科学的、合理的に遂行され、それによってその使命を全うすることになります。目標さえ明確になっていればその実現手段は特定されます。より良く実現するための手段を特定し、それを着実に実行することが行政の役割だと思います。それは科学的に答えが出せる課題ですから、より良い行政は科学的で合理的でなければならないと思います。

川崎市長として私は、まず議会の議決を得て「川崎市基本構想」を定めました。次にそれを実現するためのシナリオとして「川崎再生フロンティアプラン」(新総合計画)を策定し、さらにそれを具体化するための施策をまとめた3年単位の「実行計画」を策定しました。この流れはビジョンを定めた政治とそれを実現する手段をまとめた行政の組み合わせでもあります。

最近では行政も日々進化しており、PDCAサイクルは国、地方を通じて当たり前になっています。P（プラン）は方針や計画で作業のための目標、D（ドゥ）は実行で具体的な作業、C（チェック）は結果の監査や評価、A（アクション）は次の段階への移行のことです。これを第3者の視点も加えて客観的に実行すれば、ムダな支出や官僚たちの恣意的な扱いも回避できるということになります。

私は市長就任当初から市政のビジョンは政治が策定し、その実現は科学的な行政が行うということを意識してきました。しかし、行政の中には自分で定めたビジョンでなく法律等ですでに定められているものも数多くあります。市政の場合はその方が多いと思います。新総合計画およびその実行計画にはそれらをすべて取り込み、そして市政全体を科学的な行政で実現するように努めました。

科学的な行政を行うためには科学的な人事が必要になります。地方自治法や地方公務員法には民主的で科学的な人事の基本が定められていますが、実際の運用に当たってはそれだけでは不十分です。そこで私は科学的な行政を行うための新人事評価制度を導入しました。新総合計画および実行計画に定めた目標を分解して各職員の年間目標を定め、年度終了後にその達成状況を評価するという目標管理型の人事評価制度です。

任命権者である市長は選挙で選ばれますから、どんな人物が就任するか分かりません。どんな人物が任命権者になっても科学的な行政の分野は科学的に遂行される必要があります。市政のビジョンが変われば新しいビジョンに対応した科学的な行政が求められます。

行政を担う職員たちが任命権者の顔色や感情に左右されることなく、行政の基本となる計画や人事のルールに従って自主的に判断して行動すれば市政は安定します。その視線の先は主権者である市民になります。私はそれを実現するためのシステムとして新人事評価制度を導入しました。

私は在職中、個人的な好みや性格面で自分と合わない職員でも、客観的な人事評価に基づいて登用しました。しかし職員の側からはやっぱり人事はこわいものでしょう。科学的な判断だと言っても正面から市長に反対する意見を強く言う勇気はなかなか出なかったのではないかと思います。市長が科学的行政と強く言ってもそういう状況ですから、市長自らが科学的行政を重視しなければ行政組織は乱れて機能が低下し、不合理になっていきます。

人間は30代になったら大きな判断ができるというのが私の持論です。明治維新で活躍した人材はいわば山口県庁や鹿児島県庁の係長以下の若手職員だったわけですから、その年齢を超えた職員なら市政の大きな判断はできる。またそのように人材を活用することが人事の要だというのが私の持論です。変な話ですが、新人事評価制度がきちんと機能すれば任命権者の市長が2年や3年不在でも市政はうまくいくはずです。職員たちが合理的に判断しながら行政を遂行するからです。これは官僚制のプラスの面にほかなりません。

官僚制度のプラス面については、今からおよそ100年前に活躍したドイツの思想家マックス・ウェーバーによって理論化されており、その流れをくむ考え方が現代の公務員制度に採用されています。しかしそれが実際にプラスに機能するかどうかは運用次第です。最近の日本では官僚は悪のイメージになっており、そのレッテルを利用して官僚批判を繰り返すことによって自分の選挙を有利にする候補者も少なくありません。それが首長の場合には、当選してすぐに自分が批判した官僚たちのお世話になることになります。首長が担う政治は芸術、官僚たちが担う行政は科学であって、両者は補完関係にあることを意識することが大切だと思います。

時代の変わり目にはよく官僚が悪く評価されます。明治維新の頃の徳川幕府の官僚がそうでした。政治や芸術のように自由かつ大胆に方針や目標の転換ができないからです。慣例や伝統を守って長期継続的に仕事をこなすというのが官僚制の長所です。そしてその長所の裏面に官僚制の機能障害があります。それを研究したのがアメリカの研究者たちでした。

官僚は杓子定規で形式にこだわる。何かというと法令を持ち出して大岡裁きができない。

分業で協力するための組織が逆に働き、縦割行政になって責任逃れに使われる。

何かというと文書と言って書類にこだわり、書類がやたらと多くなる。

上からの命令が絶対で、上の権威が絶大な力を持つ。権限を持つ官僚は自分が偉いと思う。民間からもそのように扱われる。

民間の事業者や市民に対して横柄で不親切になる。上司にはペコペコするくせに。

以上が官僚制のマイナス面として指摘される機能障害ですが、上に立つ者が意識的にこれを排除していかないと自然にそうなってしまうようです。官僚批判や前例批判で当選した首長がやがて自らはまってしまいがちな恐ろしいワナでもあるようです。

必要な人材の活用と職員組合への対応

02年9月に厳しい行財政改革プランを発表した時、職員組合の関係者は大変驚いたと思います。特殊勤務手当の大幅削減、退職金の支給額の削減、本給の削減、それに職員定数の3年間1000人の削減が明示してあったからです。民間企業では失われた10年とか20年とか言われて大胆なリストラを進めている時代でしたし、川崎市を支えてきた臨海部の工業地帯は円高に伴う海外移転や政府の地方分散政策などで遊休地が目立つような時代でした。

組合との交渉は難航が予想され、その任にあたる担当者には優秀な職員を人選しましたが、特に責任者の労務課長には船橋兵悟氏というもともと組合の活動家で、しかも面白いことに最初から私の出馬を支持してきた若手職員を抜擢しました。彼は社会党(後に社民党)県会議員のベテラン武田郁三郎氏と親しくしており、初出馬の際には私を武田氏に紹介してくれ、武田氏は私を川崎福島県人会に紹介してくれましたが、武田氏は市長選挙では現職の高橋清氏を支援しました。

この労務課長の人選は多くの関係者を驚かせましたが、民間企業ではそんなに珍しいことではないと思います。労使間の対立の調整と企業への協力を両立させる手法です。公平で対外的に納得してもらえる結果を出すための手法でもあります。船橋氏はその後人事課長、秘書部長などを経て総務局長になりました。彼は私が厳しく進めた行財政改革の重要な一翼を担ったのです。

同じような人事で特に記憶しているものが他にもあります。それは教育長の人選です。私が市長就任直後に人選した教員出身の河野和子教育長は、自分の後任の教育長の人選にあたって、私の外部登用の方針に反対はしませんでしたが、実際には可能性の薄い外部の有識者の名前をあげてきました。内部登用の圧力が部内で強かったのだと思います。そこで私は、教育委員会内部で勤務したこともある市長部局の総合企画局長の北條秀衛氏を指名しました。それで教育委員会はすんなりと収まりましたが、北條氏はかつての組合の闘士で、手腕もあることから組合出身の前市長の時代から市長部局でも活躍していました。

総合企画局で臨海部の振興を担当していましたが、その後総合企画局長に昇格して手腕を発揮していました。彼を教育長にという人選については、教育委員会の改革を求める保守層からは驚きと批判の声があがりました。しかし行財政改革はプラン通り進めざるを得ません。組合員の気持ちや意向に配慮しながらも職務としては大局的な方向に向かわざるを得ません。最終的には保守層も納得させる結果を出しましたので、私の元へは人選の正しさを誉める手紙も届きました。

北條氏が定年60歳で退職する際は、当時の宮田進教育委員長や藤島昭委員、鈴木嵯峨子委員などが彼の定年延長を強く求めてきました。しかし北條氏には当時問題になっていた市のアートセンターの建設やしんゆり芸術のまちづくりを定年退職の後に担当してもらいたいと思っていましたので、その要請を断り、次の教育長には行財政改革本部で手腕を発揮し、総合企画局で自治基本条例の制定を成し遂げて中原区長をしていた木場田文夫氏を指名しました。教育委員会がなお一層の改革を進めるようにとの私からのメッセージでした。

川崎市役所には中央官庁に対するアレルギーがあり、特に自治省嫌いは際立っていました。職員組合出身の伊藤三郎市長（1971〜89年）の時代には、市長が体を壊すほど中央官庁幹部と飲み会を開いていたようですが、教員組合出身の高橋清市長（89〜2001年）の時代には、官庁の課長クラスから意見を言われるのを嫌い、中央官庁には行かなくなったそうです。そこへ中央官庁出身の私が就任したわけですから、市役所の混乱ぶりは想像に難くありません。

本庁の幹部職員たちはそれなりにやる気があるように見受けられましたが、しかし、年末に各区役所や出先機関を回ってみてびっくりしました。あまりにも元気がないのです。本当かどうか確認はしていませんが、部下が一所懸命に仕事をすると、あまりやるなとブレーキをかける上司もいたそうです。市民と直接に接する職員たちへの特殊勤務手当などもあり、当然の本務である市民サービスが軽視され、上層部や職員組合幹部への気遣いが優先しているように見えました。

従来から5月には恒例の職員家族大運動会が開催されてきましたが、この市当局と組合が共催する大きなイベントを私が市長になっても継続するかどうかについて判断を求められました。私は職員たちと接する良い機会だと考えて継続を選択しました。そして大運動会の当日は、新しい市長の私と比べて組合委員長へのエールが圧倒的に多いことを知りました。当時の委員長は和田秀樹氏で長身で体格のいい人でした。

川崎市役所の「組合支配」は広く知られていましたが、それを私自身が実感する事態もいくつか起こりました。私が市長になってからの方針転換や挨拶で示した考え方が伝わるスピードが組合経由の方が速くて正確なのです。幹部職員経由の情報は、途中で不明になったり、憶測が混じって正反対の内容になったりするケースも少なくありませんでした。

人件費の削減を最大の課題とする厳しい行財政改革を進めるためには、組合との折衝は不可欠です。実際の交渉の多くは次期委員長になった多田昭彦氏を代表とする各関係労組の幹部との間で行いました。当局側は私の意向を受けた総務局長が行い、だいたいの問題は副市長のところで解決しました。

私は組合をたたくのではなく、常識より出っ張っている部分を削減し、公に出しても納得してもらえる内容に転換しようと考えていましたから、折衝の内容は公表すると宣言して交渉に入りました。公表というと、とかくマスコミ受けするケンカ手法によって勝ち取るというパフォーマンスが人気を博し始めていましたが、私はケンカで目立つよりも静かに着実に治めることこそが大切だと考えていましたから、なるべくケンカにならないようにスムーズに結果を出す方法を取りました。最終シナリオさえしっかりしていれば、これは実に簡単なことです。ケンカをして目立って最終的に治まらないのは最悪です。ケンカで目立ってから治まるのはその次です。ケンカせず目立たずに治まるのが最善ですが、これが最もマスコミ受けしません。最善がマスコミ受けしないというのは何とも皮肉な話で、行政よりもマスコミを信用しがちな市民にとっては混乱のもとだと思います。

組合の顔を立てて実行時期を少し先送りする代わりに削減方針をしっかりと条例で定め、時期が来れば必ず実現するように仕組むという方法を私は採用しました。

民間人の登用

民間でできることは民間で、というのが私が進めた川崎市の行財政改革の一貫した考え方でした。サービスの良し悪しとは関係なく行政の収入は保障され、その中から職員の給与費など組織維持のための経費が天引きされ、その残りが市民向けのサービスに支出されます。もちろん教育や保育、福祉など給与とサービスが結びついている分野も少なくありません。しかし、これらの分野でさえ民間に委託したり移管したりすることができます。

バブル経済の崩壊後は、民間の企業活動が停滞し、民間の給与や諸手当、退職金は伸びず、それどころか低下する傾向さえ続きました。民間企業においてリストラや組織の再構築が当たり前になっているような厳しい状況の中で、国や地方自治体では右肩上がりの給与システムや昇格一方の人事管理がまだ見られました。新規採用を手控える傾向はありましたが、これが逆に職員の高齢化をもたらし、給与水準の高止まりの原因となっていました。中でも川崎市の人件費は一般会計の24%を占め、政令市の中では突出していました。

それで私は人件費の削減などに狙いを定めた行財政改革を断行したわけですが、そのために保育所の民営化や各施設の管理委託を進めたり出資法人の廃止などを行ってきました。また廃止対象でない関連法人の代表者として、現職市長や市役所OBに代えて民間人の起用を進めました。以前は出資法人の代表者のほとんどが現職市長になっており、その下に市役所OBの役員が張りついていました。私は、市民サービス優先で市長の顔よりも市民の顔を優先するような法人の管理へと転換することを求めました。

民間人の公的機関への登用にはなかなか難しいものがありましたが、最初に私が人選した民間人は川崎港振興協会会長の斎藤文夫氏でした。港の人事が大変難しいことはそれまでの見聞で知っていました。国との関係もあるし、港湾関係の会社や港湾労働者の扱いも大変だと聞いていました。

川崎港は工業港で企業の専用埠頭が多く、市が管理する公共埠頭部分は僅かです。しかし振興協会の代表は多くの企業と関係する難しいポストです。隣りの横浜港には藤木幸夫氏という大物がいて、川崎港の関係者も多くは彼の影響を強く受けていました。これらの周囲の状況から見て港湾関係で川崎を代表する適任者としては斎藤氏しかいないと判断しました。斎藤氏は藤山愛一郎氏の秘書から県会議員、国会議員になって活躍し、川崎市長選挙を戦った経験もありました。この人選によって国や横浜港、東京港との関係もスムーズになり、その後展開することになる中国や韓国、ベトナムなどの各港との交流やそこを拠点とする大手船会社へのポートセールスも順調に進みました。

川崎市文化財団の代表者もまた民間人に依頼しました。それまでは市長のほかに市役所OBでしかも職員組合時代の活躍者が当てられていました。当財団はミューザ川崎シンフォニーホールの管理委託を受け、音楽のまちづくりの中核を担う法人になりましたが、川崎信用金庫の寺尾嘉剛氏が理事長を退任することになったことから私は、慶應義塾大学出身で文化芸術にも造詣の深い同氏に理事長をお願いしました。副理事長には北條秀衛前教育長を推せんしました。

民間人の登用は、出資法人の代表者だけでなく行政内部の幹部職員についても行いました。05年4月の宮前区長と病院事業管理者、そして06年5月の市民ミュージアム館長への民間人の登用がそれです。

市内７区の１つ宮前区の区長には、地元でおやじの会という地域活動を主催していた大下勝巳氏を選任しました。氏の本職は政府関係の広報を行う広報協会の幹部でしたが、その本職の退任を機に任期付職員として市で採用して宮前区長に当てました。

区長という幅広い分野をカバーする行政職ということもあり、本人は当初尻込みしていましたが、私が期待するのは「市民活動という視点から行政と市民の間の距離を縮めることだ」と説明したところ、本人も納得してくれました。この人選は後に大阪市などにも影響を与えることになったようです。

病院事業管理者については、市営の病院事業に地方公営企業法を全部適用し、複数の病院を一体的に管理する管理者とその事務局として病院局を設けることにしましたが、その際に管理者としての適任者を民間から人選しました。病院事業の改革に実績のあった武弘道氏を埼玉県から割譲してもらうという人事でした。任期付職員として採用した武管理者のもとで病院事業の改革は大きく進みました（詳しくは、76ページ「病院事業の改革」を参照）。

市民ミュージアムの館長については公募によって選任しました。小田急美術館の館長をしていた志賀健二郎氏を任期付職員として採用し、市民ミュージアムの館長に就任してもらいました。志賀氏には難しい市民ミュージアムの改革に取り組んでもらいました（詳しくは、62ページ「市民ミュージアムの改革」を参照）。

国際交流の見直し

民間人の登用や活用はさらに続きました。川崎市のイメージは「公害のまち」「灰色のまち」ということで実態とは違った悪いものでした。実態は「公害を克服したまち」で、地域おこしの視点からは魅力がいっぱいのまちでしたから、それを市民にも外部にも広く知らせる必要があると痛感しました。市の担当者たちもシティセールス事業を立ち上げてイメージアップに取り組みました。

後々「音楽のまちづくり」によって文化芸術のまちとしてのイメージアップを図ることになるわけですが、それに先立ち、文化芸術関係の著名人を「市民文化大使」に委嘱する制度を新設しました。イメージアップ事業は官民あげて取り組む必要があると思ったからです。そしてそれが市民の間にある自己認識の改革にもつながるものと確信したからです。当時、「文化果つるまち」「何もないまち」「東京と横浜の間の谷間」などと公言する市内の有力者も少なくありませんでした。多摩区の住民の中には手紙に書く自分の住所を「川崎市」抜きで「多摩区」から始める人もいるとのことでした。

「市民文化大使」に期待したことは、川崎市の文化や魅力を対外的に宣伝し、国内はもちろん国際交流で活躍してもらうことでした。国際交流では場合によって市長を代理する市民代表の役割を担ってもらうことも期待しました。初代の大使は佐藤忠男氏（映画評論家）、山田太一氏（作家）、三輪晃久氏（写真家）、藤村志保氏（女優）、佐藤征一郎氏（バリトン歌手、洗足学園音楽大学教授）、小原孝氏（ピアニスト、ＮＨＫＦＭ「弾き語りフォーユー」パーソナリティー）、成田真由美氏（パラリンピック水泳金メダリスト）、古賀稔彦氏（オリンピック柔道金メダリスト）といった方々でした。この方々の活躍により、市が文化・スポーツの振興やイメージアップに努力しているというメッセージが市民に届くとともに、対外的にも効果があったものと思います。

国際交流では、クロアチアのリエカ市、中国の瀋陽市、米国のボルチモア市、オーストラリアのウーロンゴン市とは古くから姉妹都市として交流しており、平成の時代に新たに加えた友好都市の英国のシェフィールド市、ドイツのリューベック市、オーストリアのザルツブルク市、そして韓国の富川市との交流もほどほどに行っていました。このほかに港湾同士が交流している都市としてベトナムのダナン市がありました。

リエカ市は社会主義の旧ルーマニアの港湾都市、瀋陽市は中国東北の重工業都市で旧満州国の奉天、ボルチモア市は首都ワシントンＤＣ直近の工業・港湾都市、ウーロンゴン市はシドニーの南の鉄鋼や石炭の輸出港といった具合で、それなりに理由があったようです。

次の時代の友好都市は川崎市内に本部がある専修大学と大学同士の交流があったシェフィールド市、ハンザ同盟の拠点で手工業の職人の町リューベック市（技能職団体連絡協議会関係）、洗足学園音楽大学との縁でつながった音楽のまちザルツブルク市、韓国の首都京城から漢河を挟んで南にあり、金浦空港にも近い富川市（在日韓国人・朝鮮人の多いコリアタウン関係）といった具合です。

これだけでも多いと感じましたので、私の時代にこれ以上増やすことはしないと心に決めました。というのは、大学教授時代に自治体向けの講演会で「ただの友好的な飲み食い関係ではなく、市民に還元できる実質的な交流」を推奨してきましたし、それが私の持論でもあったからです。市内にはエジプトとの交流を深め、駐日大使までが関心を示していたアレクサンドリアとの正式交流を望む声があり、市内の大物もそれに参加していましたが、現地に桜の木をたくさん植えたり着物ショーによる友好交流を熱心に展開しているという実績はあっても、多くの市民が参加でき、公費を使った分だけ市民に還元できるかどうかということになると、私はそこから先に進めるべきだという判断はできませんでした。現状でさえも交流に濃淡があり、見直しが必要な状況でした。

英国のシェフィールド市およびドイツのリューベック市と川崎市との間の交流は、私の市長就任後もほとんどありませんでした。20周年の交流記念の年にはこちらから代表団を組織し、民間グループのツアーによる参加も得て相手都市でイベントを開きましたが、川崎市での記念事業には、シェフィールド市の場合は京都大学に客員で来ていた大学教授が参加しただけであり、リューベック市に至っては、こちらから訪問した際の昼食会で私の隣りに座った市長が、私の川崎市への誘いに対し旅費がないから参加できないという簡単な返事をするだけでした。友好提携開始の甘さによるものだと思います。リューベック市よりもむしろ中原区元住吉地区のブレーメン通り商店街によるブレーメン市の商店街との交流の方が活発で、このような状況にある都市との正式交流は見直した方がよいのではないかと思いました。

市民や団体による国際交流はかなり活発で、しかもこちらから行く交流が多いようです。市民団体が姉妹友好都市などを訪問する際、市役所の職員に同行を求める依頼がたくさんきていました。いちいちそれに付き合っていたのでは経費が足りません。また正式訪問団と同行する民間の自発的グループをどう扱うかという問題もありました。それで考え出したのが、市長が正式に認証する「川崎国際友好使節制度」でした。訪問した先々で川崎市を背負って宣伝していただき、それ相当の処遇を相手から受けることができるようにとの考え方です。訪問先を選別しながら、場合によっては市長の親書を託します。市の職員が同行する代わりに、市長からの認定証を交付しますが、市の職員が多額の旅費を使って同行するよりも経費は安くしかも効果は大です。これもまた民間人の活用ですが、民間人にとっても大きなメリットがあり、一挙両得です。

国際交流協会の会長についても民間人の登用を実施しました。川崎市は東京のベッドタウンでもあり、現職の国の外交官やその退職者も多く住んでいます。私は若い頃外務本省に3年、在サンフランシスコ日本国総領事館に3年、合計6年間自治省から出向した経験があります。そんなことから外交官の活動ぶりは前から知っていましたので、外務省退職者で大使等の経験者を国際交流協会の会長として招くことはできないかと考えました。もちろん川崎市内居住者です。

外務省に照会したら、市内在住の国安正昭氏という元大使がいるという情報が得られました。早速交渉に入り、心よくお引受けいただきました。川崎市内という狭い社会に閉じこもりがちな市役所関係機関に、本物の外交官で世界を舞台に活躍した人材を会長に迎えることができたわけです。

国安会長は、古くからの人脈も活用し、外交的な国際交流で活躍し、川崎市の国際交流に新風を吹き込んでくれました。ただ、活躍したいのに予算は少なくて苦労されたようです。後に同氏は参院選に比例区から立候補したので、その時点で退任していただきました。後任にはやはり民間人で経済関係者の寺尾守一氏が就任しました。

新人事評価制度の導入——新総合計画との連動

政治は大海原を進む船の方向を決める芸術で、行政はその方向を目指して速く安く目標地点に到達するように手段を組み立てて確実に実行する科学だと思います。

川崎市長になって私は、市政の大きな方向は自分で決め、具体的な実現は行政を担う職員たちに任せるようにしました。環境対策に重点を置いた産業振興策や誰もがびっくりした「音楽のまちづくり」なども自分で決めました。具体化のための基本となる手法については、それまでの実務や研究で得た知識をもってアドバイスすることもありました。法令などに基づいて所与のものとして実施する多くの行政については、大きな方向転換の際に私が判断を下しました。また、職員たちが「科学的に」答えを出せない場合もあり、そんな場合は私がアドバイスしながら答えを出してきましたが、科学としての行政はシステム化することが可能です。公務員制度はまさにそのシステム化にほかなりません。

しかし公務員制度は運用が悪いと機能障害に陥りますから、そうならないように運用するシステムを導入することが重要です。それが新人事評価制度です。市長就任3年目の04年度から試行を開始し、06年度から本格実施に踏み切りました。職員がそれぞれ達成すべき目標を明確にし、互いに協力しながら能率的に仕事をして次年度に評価するというシステムです。高校野球の女子マネジャーがドラッカーを読んでその理論を実践したらチームがとてつもなく強くなったという漫画の「もしドラ」の話と同じです。すなわち目標管理方式です。ピーター・ドラッカーは、心理学者A・H・マズローの欲求5段階説（生理的欲求、安全・安定の欲求、所属・愛の欲求、承認の欲求、自己実現の欲求）を踏まえて、豊かな社会の人事管理方式としてこれを提唱しました。人間の欲求の最上階の「自己実現の欲求」を基本に従業者に自己目標を設定させ、それを組織目標と結びつけて実行させるというのが目標管理方式です。

私は現代の豊かな日本社会にピッタリの人事管理方式だと考え、大学教授時代にこれを行政にも導入するよう自治体に提案してきました。それを川崎市長になって自ら導入することにしたわけです。

企業の場合には、組織目標を数値化することは比較的容易ですが、一面においてはノルマとして強制的になりがちです。行政の場合は目標そのものの設定が極めて困難です。「幸せ」や「満足」は立派な目標ですが、行政の目標としては抽象的過ぎてその評価をアート（政治）の分野に頼らざるを得ません。もっと具体的な目標になるまで分解しないと目標管理には馴染みません。開発と環境のように相互に矛盾する目標もありますから、それらの複雑な行政の目標を統合する必要があります。それが総合計画です。目標の総合体である総合計画を基本に実施計画を策定し、それを具体化する施策や事業を設定し、それを組織や個人の年間目標とします。そして1年間各自が自発的にその実現のために努力します。これが行政における目標管理方式です。

自己実現が基本ですから、目標の設定も実行も評価も自発的に行います。そしてそれぞれの部署の上司が全体を調整します。その調整は上司と部下の話し合いで行い、納得ずくで調整を進めていくわけです。

自己実現を基本に職員のやる気を引き出し、個々の職員の努力を促すことによって組織としての全体の活動を最も効果的・効率的にするというのがこの方法です。

子どもは、自分からやりたい遊びには熱中し「真面目」に取り組みますが、自己の目標でない押しつけられた手伝いや勉強には「不真面目」に取り組みます。目標管理は、子どもの遊びと同様に自分からやりたくなることを引き出す手法です。大の大人を子ども扱いするのかと不愉快に思う人がいるかもしれませんが、実はその通りなのです。人間がわがままになり、大人が子ども化している今の日本社会ですから、それがピッタリなのだと思います。

職員は、年度当初に目標ペーパーを作成して上司に提出します。上司と調整して自分の目標を定め、その実現のために1年間がんばります。年度終了後にその結果を自己評価して上司に報告します。その評価を上司と調整して最終的に確定し、その結果に基づいてボーナスの額を調整します。フィギュアスケートの評価と同じで、高い目標には高い評価、低い目標には低い評価が与えられます。自分の家庭の事情を考えて目標を低く設定し、ボーナス減を覚悟して家庭に重点を置くこともできます。

この人事評価制度がしっかりと機能していさえすれば、職員の能力は最大限に発揮されます。トップが余計な邪魔をしない限り市政はうまくいきます。明治維新の志士たちが大活躍をし、日本を変える大きな働きをしたのが30歳前後でした。このことを考えると、職員たちの潜在能力は高く、職員の中に市長職が務まる者が多数いると思います。その職員たちが能力を十分に発揮すれば市政はうまくいきます。これこそがまさしく官僚機構です。

合理的科学的に構築された官僚機構をアート（政治）が崩すのは大変難しいことだと思います。しかし合理的科学的に運営されない官僚機構の場合はすぐに堕落します。ポピュリズムに乗って実現可能性の低いスローガンを連発したり、事実に反する官僚批判で当選を勝ち取った政治家が、チャッカリ官僚機構に支えられてボロを出さないで済むというケースも生まれます。しかしその足元においては官僚機構が次第に崩れていくと思います。官僚機構はそれ自体の中に多くの問題を抱えています。近代的な官僚機構が確立されていない組織では汚職をチェックする合理的なシステムもできていないでしょう。カネやコネが優先されれば主権者の市民は置き去りにされるでしょう。かつて日本では官僚の自己中心ぶりが大問題になりました。官僚機構から早々に脱け出した私にとっては、同世代の優秀な官僚たちが次々と失脚する姿は見るにたえないものがありました。

思い返しますと、学生時代は他人より上に行くために学業に精を出し、他に貢献するよりも自分のためにがんばったことが評価されて有利な就職ができるような時代がありました。自分たちの勢力を拡大するためにセクショナリズムに拍車をかけ、天下り先を確保するというような自己中心的な流れも各省庁にあったように思います。そしてこの流れの中でエリートとなっていった優秀な官僚たちが、行政の高い地位に就いてから問題を起こすことになったわけです。

国の官僚機構は大きすぎてなかなか迅速には変えられません。地方自治体の官僚機構は比較的簡単に変えられます。それは大企業と中小企業との違いに似ていると思います。自治体では組織を変え、実現したい政策を明確にし、それに合わせた新システムを制度化することが比較的簡単です。前述したように、かつて大阪市役所と国の社会保険庁がほぼ同時期に問題ありとしてマスコミの話題になったことがあります。私はその時、立ち直りは大阪市の方が早いだろうと言いました。大阪市の方が小回りがきくからです。

官僚批判は今の世の中では大きな流れですが、それを強調するあまり人材の有効活用に問題が生じているように思います。特に問題なのは天下り批判です。批判されて当然の面もありますが、それは役所の側の都合で勝手に人選し、能力に関係なく相手側に押しつけたり、行った先々で高額の給与や退職金を得たり、相手の弱い立場に便乗して勢力拡大の道具にするというような不合理な天下りの場合です。

私の場合も天下り批判の対象にされることがありますが、それは全く心外であり不愉快です。私の職歴のスタートは確かに自治省だし、いわゆる官僚生活も25年間経験しました。しかし若くして退職し、自分の努力で資格審査をパスして大学教授に転身しました。必要な論文等も書きました。そして全国の自治体の職員研修の講師や地域おこしのアドバイザーなどを経て選挙に出馬し、当選して川崎市長に就任しました。中央官庁の権力などをカサに着たり利用したりはしていません。

私も不合理な天下りは反対です。しかし合理的な職業転換は天下りとは言えないと思います。過去に蓄積した知識経験を活用するのは当然のことで、天下りとは全く別問題です。退職する市職員を送り出す年度末の式典で私は、蓄積した知識経験を自分の住む地域社会のために十分に活用して欲しいと話してきました。

公務員の視点と一般市民の視点とでは大きな違いがあります。公務員は、それぞれの市民を多数の市民の中の1人と見ます。一般市民は、自分の比重をもっと大きく見てもらうことを喜び、否定されればゼロ扱いだと怒ります。ですから市民からは自分にとって都合のよい強い要望が出がちですが、公務員はそれをそのまま受け止めず、多数の市民のことを考えながら、他の人にも同じように適用できるルールの枠の中で相手の市民を扱います。そういうルールがなければ公務員は個々の市民に対応できません。

一般市民は、自分の要望が他の誰かの犠牲を伴って実現するものだと考えることは少ないと思います。学校の改築が実現することになってよかったと思っていたら、自分の子どもは仮設校舎で卒業まで、ということも起こります。公務員の訓練を受けた退職者は貴重な地域人材ですから、地域社会の側もこれを有効活用することが必要だと思います。

私の市長時代には、有能な人材の活用と天下りとを明確に区別し、天下り批判には十分に配慮してきたつもりです。

第4章

「音楽のまちづくり」と文化スポーツの振興

驚きの「音楽のまち・かわさき」

市長就任当初、川崎駅西口に大きなクラシック専用ホールを建設する事業が進んでおり、その賛否をめぐる争いが渦巻いていました。これは前市長時代の置き土産であり、事業を中止して多額の賠償金を払うか、多額の維持管理費を覚悟して運営していくかは新市長である私の判断にかかっていました。要はムダな箱物とすることなく豪華なクラシック音楽専用ホールを有効に活用できるかどうかが勝負でした。

私はそれまで他の地域の活性化事業を扱ってきた経験から対象人口を500万人と計算しました。福岡の博多座を参考にして2000席のホールの必要対象人口を計算したわけです。当時の川崎市の人口が124万人ですから、隣りの東京と横浜の人口も加えなければば500万人にはなりません。東京と横浜の人口を対象に加えるとなると、ホールの魅力を高める相当な仕掛けが必要になります。そこで考えたのが「音楽のまち・かわさき」のシンボルとしてホールを活用することでした。

誰も思っていなかったことですから、実際にそれだけの音楽資源が川崎市内にあるのかどうか不安でした。しかし調べてみると洗足学園音楽大学と昭和音楽大学の本部があり、ヤマハ音楽院もある。プロの神奈川フィルハーモニー管弦楽団が市内で活躍しており、アマチュアオーケストラが4つもある。坂本九さんは川崎出身で、美空ひばりさんの「港町十三番地」はコロンビアがあった川崎市。小澤征爾さんも川崎市幸区の自宅から東京の桐朋学園まで単車で多摩川土手の道を通ったという。まどみちおさんも小黒恵子さんも川崎市。これなら「音楽のまち・かわさき」はやっていけると判断し、音楽ホールの建設を進めることにしました。建設を進めていた02年秋にはプロの東京交響楽団が市のフランチャイズ楽団となり、「音楽のまち・かわさき」構想は一層の厚みを増すことになりました。

川崎市長になって1年3カ月を経た03年2月、次年度の当初予算を審議する市議会の冒頭の提案説明で私は、03年度から「音楽のまち・かわさき」を進めることを発表しました。当時は川崎市が音楽のまちだなどと思う人は市内にも市外にもほとんどいませんでした。「音楽のまちづくり」がスタートしてからでさえ、どこが音楽のまちだ、ウソつきではないかとの声が聞こえ、大手の芸術文化に理解のある某マスコミからも冷ややかな目で見られました。

当初の開館予定は03年秋で、客席数は２００３席の予定でした。しかし私は、特に目玉事業が予定されていなかった04年の市制80周年記念の目玉事業にミューザのオープンを位置づけることにしました。席数は、車椅子や大柄な観客に対応するスペースを確保すべく6席の固定席を減らし１９９7席にしました。そして翌年の市制80周年の記念事業の目玉に位置づけました。それに合わせて04年4月に「音楽のまち・かわさき推進協議会」を発足させ、04年度当初から「音楽のまち・かわさき」を正式にスタートさせました。協議会の会長には東芝会長だった西室泰三氏に就任してもらいました。

ホールの名称は「ミューザ川崎シンフォニーホール」と決定し、このホールを含む業務ビルそのものの名称を「ミューザ」に決定しました。音楽の神「ミューズ」と日本語の「座」の合成語です。マスコットキャラクターについてはその名を「かわさきミュートン」と決めてPRに活用しました。ミュージックの「ミュー」とト音記号の「ト音」を合成した名称です。「かわさきミュートン」はシンフォニーホールと並んで「音楽のまち・かわさき」のシンボルになりました。

一方「音楽のまち・かわさき」の提案を受けた川崎市議会では、誰も川崎市が音楽のまちだなどと考えていませんでしたから、市長が勝手にやって失敗すればと、まさに新市長のお手並み拝見という状態でした。「私の趣味はカラオケ」と前々から私は公言していましたから、市長は川崎市をカラオケのまちにするつもりかという冷やかしの声も聞こえてきました。市の職員たちも信じられないという様子で、最初は市長が言うからやるしかないかといったような感じのスタートになりました。

しかし私の方はそれなりに調査を行った上での方針決定ですから迷いはなく、周囲からは何と鈍感なと思われるほど冷静でした。

地方自治体が特定の芸術分野に重点を置いて施策を振興するというのは大きな冒険です。芸術文化にはジャンルごとの優劣はないと考えられており、創造活動は人それぞれの自主自律的な分野で、特定の分野に重点を置いた行政の関与は平等原則に反すると考えられるからです。行政はせいぜい箱物を建てて市民に芸術文化活動の場

「音楽のまち・かわさき推進協議会」発足の記者発表（04年4月）

マスコットキャラクター「かわさきミュートン」の誕生（07年2月）

を平等に提供するのが無難ということで、全国に多目的の箱物が広がってきた歴史があります。

そこにきてクラシック専用の大ホールですから、ここから大冒険は始まっています。それに輪をかけて「音楽のまちづくり」ですから、多くの人々がビックリするのも当然で、それほどの大冒険でした。行政の平等原則を超える大きな正当性がなければこういった行政は非難の渦の中でつぶれてしまいます。音楽の振興そのものを目的にそれに傾斜すれば原則に反します。しかし地方行政の大切な役割であるまちづくりへの音楽の活用が大きな行政的効果をもたらすならば、まちづくりの重要な手段としての音楽への傾斜は正当性をもちます。私は音楽の振興そのものを行政の目的にしたわけではなく、魅力あるまちづくりの重要な手段として音楽関連の事業を振興することとしたわけです。

市民1人当たり年間500円ぐらいの市費負担になっていると思いますが、「灰色のまちからパステルカラーのまちへ」とイメージを大転換することとなる川崎市の市民が自分のまちを他に紹介する際の名刺代のようなものだと私は思いました。

川崎市は、カラオケのまちではなくクラシック音楽を核とする音楽のまちへと転換しており、インターネットで「音楽のまち」を検索するとすぐに川崎市と出てくるようになりました。

ミューザ川崎シンフォニーホールのオープン

ミューザ川崎シンフォニーホールは「音楽のまち・かわさき」のシンボルとして、日本国内はもちろん世界的にも高い評価を得るようになりました。評価の中心は音響の良さです。マリス・ヤンソンスという世界的なマエストロ（指揮者）が本場ヨーロッパで評判を広げてくれました。サイモン・ラトル氏やリッカルド・ムーティ氏など世界的に名の通った指揮者もそれに同調しています。

ワインヤード型と言われ、ステージの横や後ろにも客席があるホールで、ベルリン・フィルに始まりサントリーホール、札幌市のキタラ、新潟市のりゅーとぴあと同じ形です。ただ川崎市のミューザは、狭い場所に建設したため

「音楽のまち・かわさき」のシンボルとして、世界的にも高い評価を得ているミューザ川崎シンフォニーホール

ミューザ川崎シンフォニーホールのオープン時に開催した川崎市制80周年記念式典（04年7月）

円形劇場に近い形です。ステージの周りにせり上がるように広がる客席には、ステージからの音がどの席にいてもストレートに伝わります。

これはケガの功名とも言うべき構造の良さによるものです。それに加えてスタッフの日常の努力が相まって高い評価につながっています。開館初年度からウィーン・フィルやベルリン・フィルなど世界有数の楽団が来て演奏し、マエストロたちからはお誉めの言葉をいただきました。それを色紙にしたものが通路の壁に所狭しと貼り出してあります。

インターネットで「音楽のまち」を検索するとすぐに川崎市が出てくるようにまでなった「音楽のまちづくり」ですが、それを進めている中で案の定、他のジャンルの芸術文化の関係者から不満の声が出てきました。芸術文化はすべて平等で優劣をつけられないとする一般論からすれば当然のことでもありました。

音楽のまちづくりをスタートさせたきっかけは市政の中にミューザ川崎シンフォニーホールを位置づけるということにあったわけですが、前述のようによく調べてみると音楽関連の政策資源は他と比べて突出していました。そんな中でミューザが世界屈指の音響を誇るホールとしてデビューするわけですから、川崎市を対外的に宣伝しながら内外の人たちをもてなすための事業として「音楽のまちづくり」を別格に扱っても良いのではないかと私は判断しました。音楽を芸術文化として振興するというよりも「まちづくり」の核として振興し活用することに大きな意味がありました。

結果的にはミューザを核とした質の高い音楽によるおもてなしは対外的にも高い評価を受けるようになり、その評価は海外の著名な楽団等を通じてヨーロッパにまで広がっていきました。

富士山の形をした音楽のまち

地方自治体の役割である公共の福祉には狭義の福祉と広義の福祉がありますが、個々の市民の自己実現である文化芸術活動を支援するのは狭義の福祉であり、都市のイメージアップやアメニティを実現する音楽のまちづくりは広義の福祉です。私は広義の福祉のために音楽を別格扱いしたわけです。しかしせっかく音楽を振興するわけですから、それを狭義の福祉にも活用しないのではもったいないとも思いました。

そこで提案したのが「富士山の形をした音楽のまち」ということでした。それは音楽のプロに重点を置いたまちづくりという広義の福祉と裾野の広い素人の音楽活動を支援するという狭義の福祉とを統合する考え方でした。そして他のジャンルの芸術文化との関係で突出させた音楽を頂上に置きつつ、他のジャンルについては裾野に広がる市民の文化を振興するという考え方でもありました。プロが大活躍する音楽が富士山の頂上部分で、地域密着のプロやアマが市民の自己実現を支援する各芸術分野が中腹部分、そしてそれを見て聞いて楽しむ観客や自己実現を楽しむアマチュアの活動が富士山の裾野です。頂上が高いからこそ遠くからも見え、裾野が広いからこそ多数の人々がその恩恵を受けることになります。

このバランスは実に微妙な状態にありますから、もし今後このような富士山の形が崩れるようなことがあれば、音楽のまちづくりそのものが崩れることになると思います。「創業」も難しいが「守成」も難しいと言われます。広義の福祉としての質の高い「音楽のまちづくり」と広く多くの市民に関係する狭義の福祉としての芸術文化の振興とがバランスよく統合され続けるのでなければ「守成」はうまくいきません。最終的には市民の底力が問われることになると思いますから、音楽のまちを市民の力で強く支えながらさらに発展させてもらいたいと思います。

ミューザがオープンした当時の河野和子教育長は元々が音楽の先生でした。そのために教育長に選任したわけではありませんが結果的にそういう人選になり、音楽のまちづくりに彼女は大きく貢献しました。市内の小学生全員が世界的なミューザで世界的な音楽を体験できるようにしたり、「子ども音楽の祭典」などで子どもたちがミューザの舞台に立てるようにしたり、多くの子どもたち向けのプログラムを実施してきました。

市制80周年の記念事業としては、市内の小中学生から新しい市民の歌を募集しました。多数の応募がありましたが、選ばれたのは小学生の浅川由加里さんの作詞、中学生の出雲《しゅっと》謙一君の作曲によるもので、その曲は「かわさきのねいろ」という題名で、その後市内の小中学校で広く愛され歌われるようになりました。

音楽のまちのシンボルのミューザ川崎シンフォニーホールでは、毎年様々な企画が進められています。オープン2年目の05年からは「フェスタサマーミューザ」という首都圏10の有名楽団が勢揃いする夏の音楽の祭典が開催され、そのほか川崎駅周辺がアジア色一色になる「アジア交流音楽祭」や神奈川新聞社が全国の地方新聞社と協力して開催する「交流の響き」といった若者向けのイベントも開催されています。

09年からは「毎日映画コンクール」の表彰式もここで行われるようになりました。11年から始まったモントルー・ジャズ・フェスティバルももともとはここで開催される予定でしたが、東日本大震災でミューザの天井が落下したため2年間は他の会場で開催され、13年からここで開催されましたが、15年からは「かわさきジャズ」に名称が変えられました。そのほか川崎市内全域でストリートミュージシャンの活動が活発で、そこからメジャーも誕生するでしょう。

「音楽のまち」へ3年が勝負

「音楽のまち・かわさき」がスタートしたばかりの頃、あるマスメディアが市民アンケート調査を行いました。それによると「川崎市は音楽のまちだと思う」と回答した市民がたったの3%だったそうです。では、どこが音楽のまちかという問いには松本市と浜松市という回答が多く、横浜市も上位だったそうです。

こんな状態からスタートした「音楽のまち・かわさき」でしたから、単にミューザを宣伝するだけでは足りず相当な覚悟が必要だということが明白でした。議員たちからは市長のお手並拝見と冷ややかに見られるのも当然のことでした。まずミューザ川崎シンフォニーホールの運営については、特定の有名人を館長として迎えることをせず、それなりに名の通った5人のホールアドバイザーを置くとともに、市長の意向を実現する事業部長を市から派遣し、音楽のまちづくりの方針を貫いてもらいました。アドバイザーの筆頭は東京交響楽団の指揮者で洗足学園音楽大学教授の秋山和慶氏で、パイプオルガンから松居直美氏、ピアノ分野から川崎出身でロンドンで活躍していた小川典子氏、ジャズピアノの佐山雅弘氏に加わってもらい、さらに別の分野から小椋佳氏に参加してもらいました。サントリーホールなど東京都内のホールと比較しても存在感のあるホールとして運営していくためには一味違った魅力が必要ですから、音響の良さに加えて演目の選び方や組み立て方に特色を持たせるという方針を立て、5人のアドバイザーに斬新な企画を立ててもらい、実践してもらうことにしました。キーコンセプトは「交流」で、クラシックを中心としつつ多様な音楽ジャンルの「交流」、映画と音楽の「交流」、国際「交流」、民族間の「交流」などが実践されることになりました。

こういった魅力あるホール運営は当然のこととして、それ以上に重要なことはＰＲだと考えました。しかもそれを短期集中的に行うため私は3年を目途とするＰＲ作戦を考えました。こういう事業を定着させるのには最低3年、普通は5年かかると思っていました。私は地域おこしの手伝いを通じてこのことを学んできましたから、最低の3年で勝負することにしました。

初年度は多額の予算を計上して体制を整えてスタートします。2年目はその運営に重点を置き、予算は少し減らします。3年目は状況を見て流れを定着させ、4年目以降は平常ベースに近い予算にします。結果を見るとこれでよかったわけですが、最初は関係者そろって不安を抱えながらのスタートでした。

ＰＲの提携相手として最初は大手のテレビ会社と交渉しましたが、巨額とも言える額が示されたのでこれは断念しました。視聴率があまり高くない地元のテレビ神奈川（ＴＶＫ）と交渉しましたら、その額は遥かに少なかったのでＴＶＫと提携してＰＲを進めることにしました。

ＴＶＫは発足したばかりの「音楽のまち・かわさき推進協議会」にも人材を派遣してくれましたので、当方としては大変助かりました。さすがに地元のテレビだなと有難さを実感した次第です。ＴＶＫはひっきりなしに「音楽のまち・かわさき」をスポットで放映してくれました。視聴率は低くても（失礼）チャンネルを切り替える際にたまたまＴＶＫに当たると「音楽のまち・かわさき」という言葉が飛び出してくるという具合いで、サブリミナル効果もあったものと思います。

スタートして1年後には、インターネットで「音楽のまち」を探すと川崎市と真っ先に出てくる状態になりました。マエストロのマリス・ヤンソンス氏がヨーロッパ中でミューザの音響の良さを宣伝してくれた効果も大きかったようです。

市のフランチャイズオーケストラの東京交響楽団についてはなぜ「川崎」という言葉を使わないのかという意見も聞こえてきました。しかしそれをやると川崎市への贔屓の引倒しになると思いましたので、その意見は採用しませんでした。「東京……」として知名度が高くなっている楽団を急に「川崎……」としたのでは知名度がガクンと落ち、元も子もなくなってしまいます。名称は「東京……」であっても川崎市に本拠を置いているということでよしとしました。川崎市民交響楽団という名のアマ楽団が別に存在しています。「ここに泉あり」の群馬交響楽団とそっくりの経緯のある楽団です。

他の市民楽団としては高津市民オーケストラ、宮前フィルハーモニー交響楽団、麻生フィルハーモニー管弦楽団というのがあって市内中心に活躍しており、これも「音楽のまち・かわさき」の底力を示すものでした。

「音楽のまち・かわさき」は年を追うごとに市民の間に定着し、各種の団体や市民グループがイベントを開催する際にはアトラクションとして音楽演奏を加えることが多くなりました。「川崎は音楽のまちだ」と市民が主張するようになったわけです。しかもアトラクションの多くがクラシックの生演奏です。その中核がミューザ川崎シンフォニーホールでした。

ミューザ川崎シンフォニーホールは創造・文化的な表現活動のための環境づくりに貢献した優れた公立文化施設として、16年度の地域創造大賞（総務大臣賞）に輝きました。

モントルー・ジャズ・フェスティバル in 川崎

スタートして7年目の10年の秋から「音楽のまち・かわさき」に新しい展開が加わろうとしていました。世界3大ジャズフェスタのひとつと言われるスイス・モントルーを拠点とするジャズフェスタを川崎でやってみないかという提案がなされたのです。創始者のクロード・ノブス氏からのメッセージも届きました。仕掛人は鎌倉市在住の酒井さんという人でした。氏はかつてソニーに勤務し、ノブス氏を支援した経験もあってノブス氏とは親しい関係にありました。

川崎市ではこの提案を前向きに受け止め、具体的な取り組みについて検討を進めていました。最終決定に至る前の11年3月、東日本大震災が発生しました。ミューザ川崎シンフォニーホールの天井が落下して、音楽のまちの夏の恒例となっていた大きなイベント「フェスタサマーミューザ」をどうするかということが大きな問題となってしまい、とても新しいジャズフェスタを考えられるような状態ではなくなってしまいました。

しかし音楽のまちづくりを開始してすでに7年目になっており、川崎市内の各地域において音楽活動は定着しつつあり、洗足学園音楽大学と昭和音楽大学という2つの音楽大学はもちろん各区の市民館やラ・チッタデッラなどの民間ホールもそれに慣れてきていました。メインとなるミューザ川崎シンフォニーホールが使えない状態でサマーミューザが開けるかどうかはやってみなければ分かりません。やるかやらないかは決定次第でした。

私はもともとこういう場面で積極的に対応する性格で、役人生活や大学教授時代もそれで乗り越えてきましたので、この時も積極的な方向に心が動きました。関係者との話し合いの中で私は、ミューザ川崎シンフォニーホールなしでサマーミューザをやるという決定を下しました。「音楽のまち」がどれだけ定着しているかを見たいという気持ちもありましたし、ここで中断しては「音楽のまち」の底力もそれまでだという思いがありました。

川崎市文化財団の寺尾嘉剛氏と北條秀衛氏を中心とする関係者が苦労することは目に見えていましたが、私はむしろ、これを乗り越えることによって「音楽のまち」は深く市民の間に根を下ろすようになると判断しました。

サマーミューザの次は、新たにモントルー・ジャズ・フェスティバルをやるかやらないかの判断でした。私の腹の中では「やる」方向に決めていましたが、決定そのものは先送りしました。7月に現地で開催されるフェスティバルを実際に見聞し、ノブス氏に直接会ってから決めようと考えましたので、7月に訪問団を結成してモントルーに行くことにしました。一緒に大島明市議会議長、山田長満川崎商工会議所会頭、それに洗足学園音楽大学と昭和音楽大学のジャズ教育の責任者に同行してもらいました。これだけ揃えば現地での決定もできるし、ノブス氏はじめ先方の関係者との顔合わせもできるわけです。

国際交流では物見遊山のために税金を使うべきではないと私は思っていましたから、決定に大きな役割を持つ議長と会頭そして私自身の分は公費で賄いましたが、同行した私の妻も含め他はそれぞれ自前の資金で賄ってもらいました。

モントルーは人口3万人のスイスの小さな町で、ジュネーヴからはレマン湖を挟んで反対側にあります。葉山町みたいな場所に何十万人という人々が集まり、夏のひとときのジャズフェスタを楽しみます。しかもそのジャズは世界的なレベルです。演奏会場はどこも満員で、すごい熱気に満ちています。

山の上のノブス氏の自宅に招かれ、夏でも寒い山上でのパーティを楽しみましたが、自宅の中は鉄道模型でいっぱいでした。食事の途中で大島議長がタバコを吸い、隣りのテーブルにいた年輩の女性から注意されるハプニングがありましたが、それがきっかけでかえって会話が進みました。後で確認してみると、その女性はとてつもない有名人でした。

ノブス氏は、山田会頭からのプレゼントのハッピを着て、私からのプレゼントのドラえもんを抱え上げて上機嫌でした。そしてその次の日の昼、双方が正式に顔を会わせる場を設け、そこで川崎市での開催を発表しました。

川崎市でのモントルー・ジャズ・フェスティバルの開催は、この時点から正式にスタートすることになりました。開催日程はその年の11月に設定されましたから、準備期間は正味3カ月しかありませんでした。下準備はその前から始まっていたにしても、ミューザが使えず市内に分散しての開催ですから、関係者はサマーミューザに続いて大変な苦労をしたことと思います。寺尾氏、北條氏を中心とする文化財団その他の関係者は本当によくがんばったと思います。

メイン会場はかなり古くなっていた教育文化会館の大ホールとし、部分的にはラ・チッタデッラのライブハウス、高津区の洗足学園音楽大学、麻生区の昭和音楽大学と、川崎市全域に広げての開催となりました。2つの音楽大学は演奏者と聴衆の双方を多く抱えていますから、そこからの協力は大変大きな力となりました。

ノブス氏がモントルーの町おこしとして始めたこのフェスタも、最初の入場者数は1500人程度だったそうで、川崎では最初からその10倍だから大したものだと彼は賞賛してくれました。氏はハーモニカ演奏を自らやり、教育文化会館では自ら舞台に上がって演奏も披露しました。

東日本大震災後の混乱の中で開始したこのフェスタは、2年後にミューザが復活することを期待し、その復活したミューザで開催する3回目を完成型とすることを目ざしました。来日したノブス氏は日本滞在と川崎での取り組みが大変気に入ったようで、翌年の2回目にもやってきました。

そしてメインの会場ミューザでの完成型となる3回目も見たいとのことで、13年にも川崎市を訪問すると約束しました。しかしそれは、12年の年末から翌正月にかけての自宅近くでのスキーによる事故のために実現しませんでした。残念ながらノブス氏はその事故で帰らぬ人となってしまったのです。

ミューザ川崎シンフォニーホールを中心に開催された第3回の完成型のモントルー・ジャズ・フェスティバル・inかわさきにノブス氏の姿はありませんでした。私も直前の11月18日をもって市長を退任していましたから、世界の3大ジャズフェスタと言われるこのフェスタは中心だったノブス氏や私に代わって新しい人たちが仕切る新しいイベントに変化していきました。そして翌年からは「モントルー」の言葉が消えて「かわさきジャズ」の名で続けられることになりました。

モントルー・ジャズ・フェスティバルの
創始者クロード・ノブス氏と氏の自宅前で（11年7月）

新百合ヶ丘の区画整理とグッドサイクル

麻生区の小田急線新百合ヶ丘駅周辺では広大な土地区画整理事業が計画されていました。駅前の貴重な森が崩され自然破壊が進むという反対運動がありました。貴重種のホトケドジョウが住む場所として保全したいというわけです。

事業を推進する人たちは、駅前の便利な市街化区域だからどっちみち開発は止められないので乱開発が進む前に緑豊かな住宅街にするのだと主張していました。この万福寺土地区画整理事業は、古くから新駅設置や日本映画学校、昭和音楽大学の経営母体の東成学園本部の誘致などに功績のあった大地主の中島豪一氏という土地の名士が中心になって進めていました。中島氏は川崎市全町内会連合会の会長も務めており、後に叙勲も受けました。氏を中心に新百合ヶ丘地区を芸術のまちにするという構想も進められていました。

私は、自然保護では反対者たちと同じ思いでしたが、ホトケドジョウに象徴される自然をできるだけ生かしながら事業を進めるという事業者たちの主張を受け入れることとし、土地区画整理事業を容認しました。市長になってすぐの頃でした。

それから何年かして区画整理の完成時期が近づきました。土地の売り出しは07年からとのことでした。私は、土地の売り出しの宣伝文句として芸術のまちづくりを大々的に出せばその担い手となる人たちが集まってくるだろうと想像しました。そして07年度早々にP

R委員会を立ち上げました。当時実際に芸術関連の事業がいくつか同時に進んでいました。07年4月には昭和音楽大学の新キャンパスができ、秋には市のアートセンターが完成する予定でした。昭和音楽大学は、駅近くの銀行の運動場跡地へ厚木市からキャンパスが丸ごと移転してくることになっていました。市のアートセンターは、映像部門と舞台芸術部門の小さなホールを持つ市営の芸術センターで、同年の秋頃にはオープンする予定でした。

地元には、オペラができる大きなホールつきの豪華なアートセンターをという強い要請がありましたが、厳しい行財政改革を断行していた最中にそれはあり得ないと思い、担当者には最初3億円規模で小さく計画するように指示しました。担当者は困ってしまっていろいろと検討したようですが、どうしても11億円は下らないという結論を持ってきましたので、よし、それで行くと私は了解しました。

実はこの頃、昭和音楽大学のキャンパス移転に関連し、私は下八川共祐理事長にオペラホールの併設を懇願していたのです。昭和音楽大学は藤原歌劇団と表裏一体の関係にあり、劇団は藤原、人材育成は下八川と役割を分担するような関係にありました。そこで私は、出演者も常時近くにおり学生という固定的な観客もいる大学がホールを持つことが理にかなっていると考えて下八川氏を説得しました。音楽のまちづくりを進めて川崎市はそれを全面的に応援し、多くの市民が往来する開かれたホールになっていけばホール運営は成功すると思いました。直接的にそこまで言ったかどうかはよく覚えていませんが、結果は全くその通りになりました。

07年4月に昭和音楽大学はテアトロ・ジーリオ・ショウワというオペラホール付きでオープンしました。10月には川崎市アートセンターがアルテリオ小劇場とアルテリオ映像館という2つのホール付きでオープンし、これが地区では9番目のホールになりました。これを踏まえて4月にはPR委員会が発足し、そのPRに乗って新百合ヶ丘の土地区画整理事業の土地売却は進みました。「しんゆり芸術のまち」に魅力を感じて土地を購入した新住民は少なくなかったはずです。

PR委員会は07年度限りということで市費を出して立ち上げましたが、その賛同者は区画整理事業を請け負っていた三井不動産、駅をもつ小田急電鉄、町内会、商店街、金融機関、農協など広範囲に渡り、核となった市の文化財団、麻生区役所、日本映画学校、昭和音楽大学などと一体となってPRのための一大勢力になりました。08年度は市費を出さなかったのでPR委員会はお開きになりましたが、07年度の勢いは止まりませんでした。昭和音楽大学と市のアートセンターが動き始めた中で多くの関係者たちが「しんゆり芸術のまち」を実感し始めたのではないかと思います。

PR委員会の勢いは09年度の「しんゆり芸術祭」の新たな開催に向けてその実行委員会に衣替えして存続することになりました。この実行委員会は、PR委員会の流れを汲みながらも全く自主的な関係者の活動で市費を使っていません。「しんゆり芸術祭」の初回の実行委員会はこのようにして市民の全くのボランティア活動によって行われました。市費による助成は09年度の芸術祭から再び開始されました。後々この芸術祭ではボランティアの活躍が大きな特徴になりましたが、その中には07年度のPRの効果によって新住民となった芸術文化愛好者たちも多く含まれているのではないかと思います。

市は行財政改革を背景にケチをして小さなアートセンターを建設し、PR委員会に少額の補助をしただけでしたが、「しんゆり芸術のまちづくり」という大きな流れの中においてはターニングポイントとなる時点でのPRという要石の役割を果たしたものと思います。裏を返せばこのPRがなかったら後々の芸術祭は違ったものになっていたはずであり、この要所での市によるテコ入れが後々の「グッドサイクル」を導くことになったのだと思います。

しんゆり芸術のまち構想に始まり、日本映画学校、昭和音楽大学の誘致や川崎市アートセンターの設置へ、そして駅前住宅地の売り出しに合わせたPR委員会へ、さらにその流れがしんゆり芸術祭実行委員会へと続いて、ついに09年からの「しんゆり芸術祭」の開催へと発展していきました。このようにして当初の芸術のまち構想の実現へと近づいてきた一連の流れは、まさにグッドサイクルのまちづくりそのものだと思います。行政は必要不可欠な要所において少なく投資しながら民間等の大きな投資を次々と誘発し、結果的にトータルで優れたまちづくりを実現していくというグッドサイクルの手法は、最少の経費で最大の効果を実現する行政の理想だと思います。

ちなみに「グッドサイクル」は和製英語であり、これを英語ではvirtuous cycleとかvirtuous circleと言います。

しんゆり芸術祭「アルテリッカしんゆり」

新百合ヶ丘駅の周辺で「しんゆり芸術のまちづくり」を提唱していた人たちは、07年4月に移転開学した昭和音楽大学のキャンパスにテアトロ・ジーリオ・ショウワというオペラホールができたことを大変喜びました。特に喜んだのは川崎市長の私だったかもしれません。関係者からの強い要望に昭和音楽大学が応えてくれたお蔭で市の財政支出を節約することができたからです。

他方、3億円で建てるようにと私が指示した市のアートセンターは大変でした。担当者は最低でも11億円はかかると言うし、私が市民参加で計画するようにと指示したものですから様々な意見が出て混乱してしまいました。オペラホールは必要なくなりましたが、それにしても厳しい対応を余儀なくされたようです。

小規模になってしまう市のアートセンターに私が期待したのは、芸術文化を生み出す「泉」のような機能でした。泉から出る水は川を流れて大海に出て行きます。行財政改革の最中なのでケチになっていたということもありますが、むしろこの地区では芸術文化を生み出す泉の部分、創作や人材育成の部分の方が重要だと考えたからです。小さな泉から湧き出る清流は川になり大海に出ますが、首都圏には芸術文化を消費する大海があり、その途中の川も豊富です。私は、地域おこしを全国的に手伝ってきた経験から、芸術文化の消費地にしかならない地域社会は支出過剰になり発展しないと思っていましたから、新百合ヶ丘に新設する市のアートセンターは消費志向ではなく生産志向で行こうと決めました。これが「泉」の役割の考え方です。その結果、全体の規模は小さくともワークショップの場は広くとり、若い芸術家たちがワイワイと創作活動に励み、成果をすぐに映像館と小劇場で発表できる「泉」のアートセンターを建設することになったわけです。アルテリオ映像館が約100席、アルテリオ小劇場が約200席の小さなものですが、高齢者を含め多くの人々に愛用されるようになることを願いました。

「アートセンター」という名称はオペラホール付きの施設構想の頃から使っており、規模を小さくした際には誇大名称ではないかとの批判も出ましたが、そのまま使うことにしました。「アルテリオ映像館」と「アルテリオ小劇場」は公募の案をもとに決めました。「アルテ」は芸術、「リオ」は川あるいはジーリオ（百合）のリオです。「映像館」と「小劇場」は古くからあった懐かしい言葉を使いました。

この低予算で建てることにしたアートセンターについては設計する段階において大きな

トラブルがありました。多くの関係者から意見を求めましたが、それによって混乱が生じてなかなか案がまとまりませんでした。そして延々と時間が過ぎていきました。何とか早くまとめなければと思いましたが、中心になってまとめてくれる人材がなかなか見つかりません。しかしちょうどこの頃、この問題の解決と川崎市文化財団の役員人事とが重なりました。文化財団の理事長には民間人活用ということで川崎信用金庫の理事長を退任した寺尾嘉剛氏を、そして副理事長には市の教育長を退任した新百合ヶ丘近く在住の北條秀衛氏を推せんしました。北條氏はかつて岡本太郎美術館の新設を担当した文化通であり新百合ヶ丘の地域事情にも詳しくまさに適材適所でした。この人たちの努力によって混乱は収まり、07年10月にアートセンターの開館を迎えることができるようになりました。

これを踏まえて07年度当初からPR委員会による「芸術のまち」の宣伝を開始したわけです。そしてPRを中断した08年度に「しんゆり芸術祭」を実行しようという構想が地域の自主活動によって固められ、その準備のためにしんゆり芸術祭実行委員会が結成されました。07年度のPR委員会は市役所主導の委員会でしたが、08年度の芸術祭実行委員会は、前の流れを踏襲しつつも民と官のボランティアが主導する自主的な委員会でした。そしてそれが幸いして自由な発想、自由な意見、自由な企画が実現し、関係者が総参加する大きな芸術祭になったのではないかと思います。09年の第1回開催から市も助成をすることになりましたが、基本は民と官との混合によるボランティアの自主的な芸術祭として運営されています。

佐藤忠男日本映画学校校長が実行委員長、北條秀衛氏が事務局長になってスタートしたこの芸術祭は「アルテリッカしんゆり」と名付けられ、この後ずっと多種多演目が披露される総合芸術祭として続いています。「アルテリッカ」は「豊かな芸術」を意味するイタリア語ですが、文字通り豊かな芸術の祭として4月末から5月初めの連休の時期に賑わいをもたらしています。

3月頃からプレイベントが開始され、4月末の連休初めに藤原歌劇団によるオペラが上演されて本格的に開幕となります。オペラには昭和音楽大学の出身者が多数出演し、演奏する楽団は同大学を母体とするオーケストラです。地域に集中する9カ所のホールにおいて約30の演目、40の公演が集中的に展開されます。歌人の馬場あき子氏の解説がつく大蔵流の山本東次郎氏と喜多流の友枝昭世氏の2人の人間国宝による能狂言の共演、近くの黒川地区を拠点とする奈良岡朋子さんたちの劇団民藝の芝居、ひょっこりひょうたん島で有名なひとみ座（中原区）の人形劇、佐山雅弘、国府弘子、本田雅人氏らのジャズ、東京交響楽団、神奈川フィルハーモニー管弦楽団によるクラシック、多摩区観光大使を務めた桂米多朗師匠が企画するテレビ「笑点」出演師匠等による落語、藤田朝也氏がお世話する変化に富んだ現代劇、国際的にも活躍する地元の太鼓集団による勇壮な演奏、モダンバレーなどまさに多種多彩な公演が展開されます。

さらに加えて映画の上映や絵画展もあり、地元の劇作家小川信夫氏の脚本による地元市民劇の隔年上演まで含めて考えると、これだけの規模や内容の地域総合芸術祭は他に例がないのではないかと思われます。この盛大な総合芸術祭が地域の村まつりなどと同じようにボランティアによる実行委員会とボランティアスタッフによって運営されているということがまた「すごい」の一言で評価できると思います。

東京には田園調布や成城学園という高級住宅街がありますが、新百合ヶ丘には「アルテリッカ」という総合芸術祭があります。川崎市のことを東京と横浜の谷間と低く見てきた人々に対し私は、新百合ヶ丘は田園調布や成城学園を超えていると自慢することにしました。行政による仕掛けと市民の力が一体になれば、まちはこんなにも大きく変わるのだという好例ではないかと思います。18年には「アルテリッカしんゆり」は10回目の記念の祭りとして一層盛大に開催されました。これからも末長く地域総合芸術祭として開催され続けることを心から願っています。わずかな市費を助成しつつシナリオを書いた市長として私は「菊づくり菊見るときは陰の人」の心境で満足しています。

川崎は映像のまち——毎日映画コンクールが川崎へ

市長就任2年目の02年、川崎駅の東口地区では日本一の集客を誇るシネマコンプレックス・チネチッタのリニューアルオープンがありました。川崎駅東口には古くから映画街がありましたが、11のスクリーンを誇るチネチッタはイタリア風の丘の街ということをコンセプトにリニューアルし、中心地区にラ・チッタデッラというライブハウスと噴水広場を整備しました。そしてチネチッタはその後も数年間続けて日本一の集客数を記録することになりました。

チネチッタが日本一でなくなったのは、近くの再開発ビルに東宝シネマズという新しいシネマコンプレックスがオープンしてからです。その後川崎駅西口の再開発でも東急系のシネマコンプレックスがオープンしました。新百合ヶ丘に前からあったワーナー・マイカル・シネマズのスクリーンも合わせると市内のスクリーン数は40を超えることになり、「映像のまち」の要素のひとつになりました。

ちょうどその頃、市役所の幹部の中に大の映画好きがいて、映画撮影があると聞くと土日かまわずすぐに出向いてそれを支援していました。君嶋氏という経済局長で、地域振興のためにやっているものと思っていましたら彼は本当の映画好きでした。人事異動で川崎区長になりましたが、映画撮影の支援はそのまま続け、定年退職後も熱心に続けていました。他にもそんな映画愛好家は少なくなかったと思います。

全国的には地域振興のために組織的にロケ誘致などを行う市町村もありましたが、やがて川崎市もそういう都市になるとは思いもよりませんでした。宣伝になるような都合の良い場所だけを映すわけではありませんから、私はロケ誘致に公費を使うのはどうかと思っていました。ですから行政として組織的にロケ誘致などを行うということはしませんでしたが、民間においてはすでに映像関係の活動はかなり活発になっていました。

そして実は、映像関係の諸情報をまとめてみると、川崎市は映像に関連する資源がかなり豊富な都市だということが分かったのです。市内でのロケも少なくありませんでした。市役所本庁舎が警察署として映画に出たり、市立病院が「白い巨塔」の拠点になったり、オリンピック選手を多く出した旧日本鋼管の体育館ではハリウッド映画が制作されていたり、ごみごみした飲み屋街が映画のシーンになっていたり、撮影場所として市内が多く使われていました。

確かに川崎市は、雪の積もる高い山はありませんが、海も川も、工場も商店街も、高級住宅街も庶民的な住宅街も、団地も高層マンションも、およそ映画に必要な撮影場所はほとんどすべて揃っています。どこを映されても特に困ることはありません。

こういった点では、他の大都市とあまり違いがありませんが、川崎市の最大の特徴は、映像関係の人材を育成する場所があるということです。麻生区の新百合ヶ丘に日本映画学校（現日本映画大学）があり、ここから多くの映画監督やタレント、映像関係のスタッフなどが育っていきました。この学校は今村昌平監督が設立したもので、校長は今村氏から佐藤忠男氏に引き継がれました。

よく調べてみましたら、川崎市はこのように映像関係の人材育成から映画等の制作場所、そして放映するシネマコンプレックスと、一連の要素がすべて揃っているまちであることが判明しました。そしてこれらに加えるような形で川崎市は、新百合ヶ丘にアートセンターを新設し、そこに映像部門を設けることにしたわけです。

アートセンターは07年10月にオープンしましたが、そこには小劇場と並んで映像館を設置しました。１００席ほどの小さなものですが、近くの日本映画学校の佐藤校長はじめ著名な関係者の協力により、特色のある映像館として多くの人たちに愛用されています。

「アルテリオ映像館」と名づけられたこの小さなホールは、人材育成の「泉」の部分を担うことが期待され、そこに湧き出た水はやがて「川」になり、そして大きな「海」になることが期待されます。芸術文化の生産者を生み出すようにというコンセプトです。このコンセプトは関係者によってずっと長く引き継がれていくことを期待しています。

映像関係の人材育成の中心は日本映画学校です。学校本来のプロの養成にとどまらず、学校関係者は小中学校を巻き込んだ地域の映画祭の開催や、中学生を中心とする映画制作など幅広い活動に協力してきました。小中学生に対する映画制作を通じたシネリテラシー教育は市内全域へと広がりを見せています。

「ＫＡＷＡＳＡＫＩしんゆり映画祭」は前からずっと続いてきた大きなイベントで、秋の風物詩として定着しています。「ＫＡＷＡＳＡＫＩ」とあるのが広がりを感じさせてとてもいいねと私が誉めたら、関係者から、阿部市長が全市的な取り組みになるようにと助言してくれたからそうしたんですという返事が返ってきました。

03年度にシティセールスのために市民文化大使制度というのを作りましたが、最初の大使の中には佐藤忠男氏、女優の藤村志保氏、作家の山田太一氏が含まれていました。また1972年に創設された川崎市文化賞の歴代受賞者には、これらの3人のほかに今村昌平氏、岡本喜八氏、吉田喜重氏といった著名な映画監督やスクリプターの白島あかね氏が含まれています。漫画やアニメまで広げますと藤子・F・不二雄氏もその中に入ります。

こうした流れを受けて2008年には山田長満川崎商工会議所会頭を会長とする「映像のまち推進協議会」が発足しました。そのメンバーには映像に関係する幅広い人たちが多数参加し、同協議会は芸術、産業、市民団体などまさに全市の各分野をカバーする強力な協議会になりました。

このようにして「映像のまち・かわさき」は大きな流れになりましたが、それを毎日新聞社は見逃しませんでした。

09年のゴールデンウィークに新百合ヶ丘で開催された総合芸術祭「アルテリッカしんゆり」を同社の関係者はとても熱心に取材していました。そこには映像と音楽とのコラボもありました。そしてそんな中から伝統ある毎日映画コンクールの表彰式を川崎市で開催してはどうかという話が出てきました。

それまでの表彰式は東京都内のホテルを会場に開催されていましたが、それを川崎市に移してはどうかというのです。この話はやがて現実となり、会場としては川崎市が自慢するミューザ川崎シンフォニーホールではどうかということになりました。同ホールの場合は音楽とのコラボが条件であり、ホテルほど豪華なイベントにすることは期待できなかったので、いろいろと智恵をしぼらざるを得ませんでした。

実際には案ずるより産むが易しで、結果は大成功でした。「アルテリッカしんゆり」の開催と同じ年度の10年2月にミューザ川崎シンフォニーホールで最初の同コンクールの表彰式が開催されました。これは伝統ある表彰式の第64回目に当たり、それ以降は川崎市で毎回開催されるようになりました。豪華なホテルに慣れていた関係者からは、豪華ではないが特色豊かな表彰式でとてもよかったとの評価をいただきました。

ミューザでの開催が2回続いた直後に大震災でミューザの天井が落下しました。会場が2年間使えなくなったわけですが、そこで発揮されたのが「映像のまち・かわさき」の底力でした。チネチッタというまさに映画の本拠地に会場を移して第3回を開催しましたが、それがまた特色豊かな川崎市ならではの表彰式になりました。

川崎市を舞台に制作された映画に私自身も出演することになりました。川崎の臨海部を埋め立てて日本鋼管（現ＪＦＥ）の基礎を創った京浜臨海部の父浅野総一郎の活躍を映画化しようという運動が起こってそれが実現した際に、浅野から陳情を受ける長崎の三菱造船所の所長の役を私が演じることになりました。

川崎市内に在住する作家新田純子氏が『九転十起の男』という浅野総一郎の一代記を出版し、これを受けた浅野学園の関係者が彼の一代記を映画にしようと動き出しました。川崎市や横浜市では浅野学園出身者が各界で活躍しており、浅野の出身地の富山県氷見市の関係者と一緒になって運動を盛り上げました。川崎市と氷見市の両商工会議所も加わったこの運動は功を奏し、映画化の話は実行に移されることになりました。

募金で資金を集める一方で、川崎市内に在住する市川徹監督を中心にスタッフの人選が進められました。浅野役は寺田農、そして少数のプロの俳優のほかは市内の有力者の素人が役を引き受けて撮影はスタートしました。私もその素人のうちの一人でした。

浅野が日本で初の重油を燃料とする船を造ることを決意し、それを要請するために長崎の三菱造船所を訪れました。その陳情を受ける造船所長の役が私でした。撮影場所は市役所の市長応接室。撮影の準備が整い、いよいよリハーサルです。所長の私は浅野の要請を簡単には受け容れず、じっと考え込みます。浅野は情熱を込めて私を説得しようとします。そして消極的だった所長も最後は浅野の要請を受け容れて首を縦に振る、という設定でした。いろんな角度から何度も撮影するようで、そのためのリハーサルは簡単には終わらないと聞かされていました。何度もリハーサルをやるのかと思っていたら、意外にもそれは2〜3回で終わり、すぐにOKサインが出ました。なかなか堂に入っていると監督に褒められたので私自身がビックリしました。

しかしよく考えてみると、陳情に対してなかなか首を縦に振らないのは、市長としては日常茶飯事のことだったのです。いわば所長役のリハーサルは毎日執務室や応接室でやっていたことになります。

映画にはもう1回出演しました。JFEの労働組合会館に間借りしていた林海象監督の映画制作会社が探偵映画を撮影することになり、私は川崎市長の役そのもので出演することになりました。

映画の筋書は、上海を拠点とするマフィアが川崎臨海部を爆破すると脅してきたのに対し、市長として市民に冷静になるように呼びかけるというシーンでした。防災服を着て記者会見に臨むという役でしたから、これまた従前からすっかりリハーサル済みでした。

総合芸術祭「アルテリッカしんゆり」の開幕を飾るオペラ「カルメン」でも闘牛士を称える市長の役で出演しました。しかしやっぱり私は演技が下手だということを実感しました。実際の首長の中には演技によってテレビ映りを良くしている上手な首長もいるわけですが、そういう演技上手な首長が羨ましくなりました。

「アルテリッカしんゆり」の開幕を飾る
オペラ「カルメン」に市長役で出演（13年4月）

首長はその中身で評価されることを期待します。

日本映画大学で今村監督の夢が実現

今村昌平監督が川崎市長の執務室を訪問したのは03年のことでした。麻生区新百合ヶ丘にある日本映画学校を4年制の大学にしたいと、その熱い思いを市長の私に熱心に訴えました。

今村監督といえば、「楢山節考」(1983年)と「うなぎ」(97年)でカンヌ映画祭のパルムドール賞を2回受賞した、日本を代表する映画監督です。若手人材育成のために横浜放送映画専門学院を横浜に設立し、その後川崎市麻生区新百合ヶ丘の小田急線の新駅の前に移転してきてそれを日本映画学校にしました。

この学校からは多くの名監督やタレントが育っていきました。地域活動も活発で、地域の映画祭の支援や中学生の映画制作の指導など、新百合ヶ丘地域の芸術文化の振興になくてはならない存在になりました。

私の前で今村監督は、4年制の大学にしないと外国からの留学生の受け入れに不便であることや、映画人材の育成を監督やタレントだけでなく関連する幅広い分野にまで広げたいということなどを熱く語ったのです。

私はこの時からずっと後々まで、将来にわたる大きな宿題をいただいたと感じていました。今村監督の望みに応えたいという気持ちはありましたが、市が映画大学のために巨額の支出をするとしたらその大義名分は何か、具体的な場所はどこにするか等々を検討する必要がありますから、そう簡単に了解とはいきませんでした。

日本映画学校はその後、小中学校の授業に映画制作を組み込むシネリテラシーというモデル事業を指導したり、2007年に川崎市アートセンターが新設されると、その中の目玉事業でもあるアルテリオ映像館の運営で大きな役割を発揮するなど「芸術のまちづくり」を進める新百合ヶ丘地区において芸術文化をリードする大きな存在になりました。時を経て校長の今村監督が他界し、その後を受けて新しい校長には映画評論家として著名な佐藤忠男氏が就任しました。

佐藤氏は03年に新設した「市民文化大使」の1人で、アルテリオ映像館で上映するフィルムの選択をはじめ、小さくても存在感のあるアルテリオ映像館の運営に大きく貢献しました。09年から開始された総合芸術祭「アルテリッカしんゆり」では、初会からずっと実行委員長を続けてきました。

日本映画学校を4年制の大学に転換するという懸案は、今村監督から佐藤校長に引き継がれてずっと続いていました。そしてその懸案は思いがけない形で実現することになりました。4年制大学にするための課題は資金をどのように確保するか、市はどの程度援助するのか、場所をどこに確保するのかといったことでしたが、これらの課題を一挙に解決する新しい状況が生じました。

川崎市は毎年人口が増え続けており、あちこちで小中学校の新設・増設が続いていましたが、他方では古い住宅団地で高齢化が進み、小中学校を統合しなければならない地域もありました。その小中学校の統合案が、日本映画学校に近い地域で持ちあがってきました。新百合ヶ丘駅から少し離れた古くからの住宅団地の地区で、小学校2校を1校に、中学校2校を1校に統合する案が出てきました。

統合で廃校になる小中学校のうち白山小学校の土地建物が映画大学に適しているのではないかということになりました。内々では映画大学にという構想が進む中で、跡地利用についての公平を期すために検討会を設置し、地元の関係者の意見を聞き、公募によって提案を求めました。需要が多かった高齢者施設などについては廃校が先行した中学校跡地ですでに対応していたこともあって、白山小学校については映画大学の設置が適当だという結論に達しました。

小学校の建物は日本映画学校が買い取り、土地は市から学校に定期借地権で賃貸するという方式のプロジェクトが検討され、そのプロジェクトに沿って日本映画大学の新設準備が進められました。比較的少なく済んだ資金は学校自身が負担、市は古い建物の売却と土地の賃貸と地域の調整で援助、場所は近くの小学校跡地という形で4年制大学の新設は実現しました。

今村昌平監督の夢だった日本映画学校の4年制大学への転換は、11年4月、東日本大震災直後に「日本映画大学」という映像専門の単科大学の新設・開学という形で実現することになりました。初代の学長は佐藤忠男氏で、今村監督の長男の天願大介氏が教授に就任しました。天願氏は学部長を務めた後17年から佐藤氏を継いで学長に就任しました。日本映画大学は、近くの昭和音楽大学と並んで「芸術のまち・しんゆり」の中心になっています。

川崎フロンターレの支援とJ2優勝

私が川崎市長に就任してから間もなく、阿部市長はスポーツに理解があるという噂が広がりました。原因は、私が北陸大学教授時代に書いた「スポーツを活用した地域振興の将来」という論文にあったようです。

1993年にプロのJリーグが開幕したことを題材に、Jリーグが「遊び」としてのスポーツブームに支えられて発展し、地域振興に貢献するようになるだろうと論じたものでした。米国の心理学者A・H・マズローの欲求5段階説の最上階の「自己実現の欲求」に達する人々が増える豊かな日本社会においては、オランダの史家J・ホイジンガの『ホモ・

ルーデンス』に書いてある「遊び」が大きな比重を占めるようになり、観客やアマチュアの間で「遊び」としてのスポーツが人気になり、それに支えられて「仕事」としてのプロスポーツも発展するだろうと述べたものです。

当時の川崎市では反対に、プロ野球は市外に出て行き、Jリーグの王者だったヴェルディも川崎を去るという状況でした。そんな中で私は川崎市長の職を引き継ぎました。市内に残っていたプロスポーツは川崎フロンターレと相撲の春日山部屋だけでした。川崎フロンターレはJ1に昇格してたった1年でJ2に陥落した直後でした。石渡俊行氏を中心とする川崎華族という熱心なサポーターグループと、市長が会長を務める後援会とが仲たがいをしていました。

J1のプロチームが複数ある横浜市と違ってプロが1チームだけの川崎市だったから逆に、私は市長として後援会長を引き受け、チームを強く支援できると考えました。川崎フロンターレもまた富士通色の強いチームから市民チームに脱皮しようとしていましたので、それに呼応して市も新たにチーム運営会社に出資することによって市民チームへの脱皮を支援することにしました。市の出資額はわずかに100万円でしたが、商店街連合会など

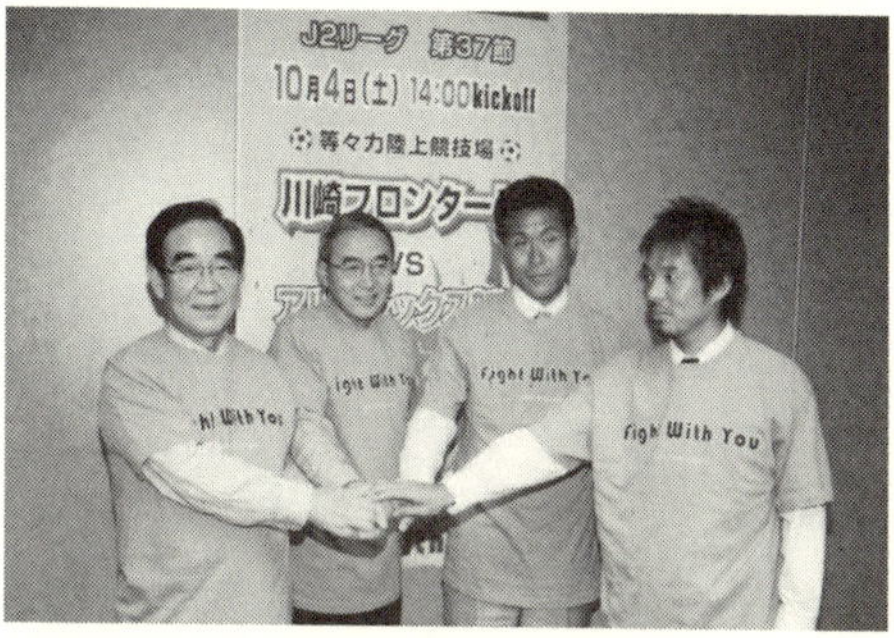

J2時代の川崎フロンターレの支援。写真右から
鬼木達キャプテン、石崎信弘監督、武田信平社長(03年)

の民間にも出資を呼びかけ、最終的には多くが参加する持株会が結成されるまでに至りました。

Ｊ２の川崎フロンターレの試合の入場者数は、ホームの等々力陸上競技場の場合でさえも毎回３０００人台が続いていました。Ｊ１昇格後の２万人からは想像すらできないほどでした。私自身、ホームでのゲームにはよく足を運びました。サポーターの皆さんも市長が足を運ぶことを歓迎し、競技場全体が大いに盛り上がりました。

そして２００３年あたりからホームでの勝利が増え始め、順位もどんどん上がっていきました。私が足を運んだ試合は必ず勝つという伝説までできました。それは伝説ではなく事実で、04年はホームでの川崎フロンターレの試合は負けなしだったのです。

川崎フロンターレの武田信平社長は、市内で開催される大きな会合には必ずと思われるほどよく顔を出していました。それほど市民の間を跳び回り、川崎フロンターレへの支援を積極的にお願いしていました。アメリカで学んできたというスタッフの天野春果氏の企画力も目立っていました。チームもまたそれに応えてがんばり、03年には石崎信弘監督のもとにあと一歩でＪ１昇格というところまで辿り着きました。

そして04年、石崎監督の後を受けて新しく関塚隆氏が川崎フロンターレの監督に就任しました。関塚監督のもとではブラジルから来たジュニーニョ選手が得点王となる活躍を見せ、ゴールキーパーの川島永嗣選手は堅守を誇り、後に日本代表として活躍する片鱗を見せていました。そして中央大学からルーキーとして川崎フロンターレに入り、成長著しい中村憲剛選手がＭＦで活躍するというパターンができました。この体制で04年、川崎フロンターレはぶっちぎりのＪ２優勝を飾り、めでたくＪ１復帰を果たすことになりました。

フロンターレと市民とが一体となったがんばりがこういう結果をもたらしたのであり、その盛り上がりは私が論文に書いた通り豊かな日本社会の一断面を示すものになったのではないかと思います。

川崎フロンターレと市民の一体感

川崎フロンターレへの支援は、単にスポーツの振興というだけではなく、細長い川崎市の市民間の連帯や団結を促すものでもありました。ＪＲ東海道線、京浜急行線、東急東横線、田園都市線、小田急線、そして京王線という鉄道で東京と横につながり、鉄道沿線ごとに別の文化圏が形成されがちな川崎市では、縦の一体感づくりは大きな課題になっていました。

その意味において川崎フロンターレへの支援は、市民同士のつながりを強める大きな力となっています。普段の練習場は市の北西の端の麻生区の片平という場所にあり、その近くには選手のための寮もできました。その地主の中山茂氏は熱心な川崎フロンターレ支援者で、選手たちにとってはとても頼もしい味方です。

中山氏は、日本最古の甘柿と言われる地元特産の禅寺丸柿の保存にも会長として貢献し、さらには保護司として麻生区の会長そして全市の保護司会連合会の会長も務めた地域の名士です。選手寮も中山氏が建てたものです。ホームの等々力陸上競技場から離れた麻生区片平に練習場があることも、市民の間の一体感を形成するのに役立っています。また、いわゆる手仕事を中心とする技能職者の団体である川崎市技能職団体連絡協議会（技連協）が足で仕事するフロンターレを熱心に支援しているのも一体感の形成には役立っています。

田園都市線の鷺沼駅前にあったかつての市営プールの跡地開発にも川崎フロンターレが参加しました。公営の水道事業が運営していた市営鷺沼プールは毎年赤字続きで、私が市長になってすぐに廃止しましたが、そこは浄水場の上部ですから用途は限られます。跡地は、児童の増加に対応する小学校の新設用地、市民が楽しめるせせらぎを配置した公園、高齢者や子どものための施設用地として再開発することにしました。

ちょうどその頃、川崎フロンターレはフットサル場を探していました。川崎フロンターレが自ら経営したいとのことで、武田信平社長から熱心な申し入れがありました。全体を管理する水道事業としてはフットサル場は収益源になります。しかし、言われたからそのまま決定というわけにはいきません。いろいろな検討を行ったうえで、多くの関係者から賛成が得られ、6面のフットサル場ができました。

川崎フロンターレはその後、Ｊ１で優勝争いに食い込むまでに成長しましたが、それに伴って等々力競技場の客席数が足りないという話が出てきました。22万人の署名を集めたスタンド改築の陳情がありましたので、私はとりあえず正面スタンドの改築を決定し、残りについては次の課題としました。私の市長退任後にそれは見事に完成し、収容できる観戦席も大きく増えました。

改築を決定するに当たり、私は冗談に「優勝が条件だ」と言いましたが、その後も川崎フロンターレはあと一歩まで行っては苦杯をなめ続けました。「シルバーコレクター」という異名を付けられるほど準優勝を重ねました。

市長退任後、川崎フロンターレから名誉顧問という肩書をいただき、新しいスタンドでの観戦には数回行っていますが、メインスタンドのリニューアルオープンの際にはどこからも誰からも案内も報告も来ませんでした。去る者は日々に疎しと言いますが、世の中というのはまさにそういう所なのでしょう。

私は市長職を3期12年までと公約し、それを実行して等々力陸上競技場の改築工事途中の13年11月に退任しました。自分で手がけた仕事の完成を自分の目で見たいと思うのは人情であり、そのために長々と任期を続ける首長も少なくありません。その気持ちは分からなくもありませんし、自分の功績が次々と他人の功績になっていくことには違和感も覚えますが、どこかでそれに区切りをつけなければなりません。むしろ自分の功績が他人の功績になることによってこそそれが社会に長く定着していくということに誇りを感じるべきでしょう。

自分を殺してでも仕事の実績や社会への貢献を優先させる人もいれば、仕事や社会を踏み台にしてでも自分を優先させる人もいます。社会全体が前者を高く評価するようになることを私は望んでいます。特に影響力の大きいマスコミの方々にそう望みます。

ホームタウンスポーツの振興

川崎市は、川崎フロンターレの大活躍によってプロスポーツが出て行くまちという汚名を返上することになりました。そして川崎市のイメージカラーについても、かつての灰色から川崎フロンターレのチームカラーのブルーだと言う市民も増えてきました。

さらにまわりを見渡しますと、プロチームは多くありませんが社会人の強豪チームはたくさんあります。旧日本鋼管のバレーボールやバスケットボールのように、かつてはオリンピックで活躍する名選手を多数輩出したチームもありましたし、私が市長に就任した時点においても日本のトップクラスのチームは少なく

川崎フロンターレ後援会長としてホームの等々力陸上競技場で挨拶

ありませんでした。野球では東芝野球部と三菱ふそう川崎硬式野球部があり、両チームとも都市対抗の優勝常連チームでした。バスケットボールでは男子の東芝川崎ブレイブサンダースと女子の富士通レッドウェーブがあり、同じ年に天皇杯と皇后杯をダブル優勝したこともあります。バレーボールでは女子のNECレッドロケッツ、そしてアメリカンフットボールでは富士通フロンティアーズがありました。さらには川崎市立の中学校の体育館で練習を重ねていたトランポリンのオリンピック代表の中田大輔選手もいました。

03年の都市対抗野球で優勝を果たした三菱ふそう川崎硬式野球部による優勝報告会（川崎市役所本庁舎前にて）

そういう中で関係者が、かつて私が書いた「スポーツを活用した地域振興の将来」という論文を読んで元気が出たのか、急にスポーツの振興ということを強く言い出しました。その先頭を切っていたのが教育委員会のスポーツ担当課長の石川敏廣氏でした。彼は「ホームタウンスポーツ推進パートナー制度」を創ろうと言ってきました。市民がパートナー指定のチームを応援し、チームは市民の間に入り込んで教育や地域振興に協力するという関係を築こうというわけです。

この制度は04年、川崎フロンターレが特に活躍した年に発足し、最初に川崎フロンター

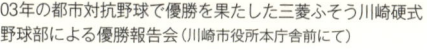

レ、そして富士通レッドウェーブ、東芝川崎ブレイブサンダース、東芝野球部そして中田大輔選手がパートナーに指定されました。翌05年にはNECレッドロケッツと三菱ふそう川崎硬式野球部が指定され、06年には富士通フロンティアーズが指定されました。その中でこの制度の理想を最もよく体現しているのは川崎フロンターレで、選手たちが市民の諸活動に様々な形で参加し、子どもたちへの教育の一部を担い、さらには東日本大震災の被災地への支援などを行ってきました。その活動はJリーグ全体の中でも高い評価を受けるようになりました。

アメリカンフットボールの富士通フロンティアーズがパートナーに指定されたのは最も遅い06年でしたが、指定の翌年の07年には、川崎市で日本初のアメリカンフットボールのワールドカップが開催されました。アサヒビールシルバースターは、川崎市が本拠地ではありませんでしたが旧川崎球場で練習をしていました。そして川崎市に対し、費用を負担してもいいから旧川崎球場をアメフトの球場として改修して欲しいと要請してきました。市はこの要請に応じましたが、よく調べてみると、法政大学と専修大学のアメフトチームも川崎市内で活躍していました。

そこで川崎市は実はアメフトのまちではないのかと話題になり、ワールドカップの第3回目(過去2回は日本が優勝)は川崎で開催してはどうかということになりました。その後「アメリカンフットボールのまち・かわさき」は少しずつ広がりを見せ、小中学生にフラッグフットボールというアメフト類似の危険度の少ないスポーツを教える活動などが展開されるようになりました。

ワールドカップのメイン会場となる等々力陸上競技場は、08年の北京オリンピックへの日本代表選手の選考会を開催するために国際規格に適合するように整備を進めており、そこでワールドカップを開催することはシティセールスの面からも望ましいことでした。

日本アメリカンフットボール協会の会長は浅田豊久氏で、私がかつて石川県庁で3年、北陸大学で4年の間滞在した金沢市の老舗料亭浅田屋の社長でした。そしてアメフトの支援者には森善朗氏や麻生太郎氏などの大物政治家もおり、川崎市での日本初のアメリカンフットボールのワールドカップは、多くの方々からの協力によって開催されることになりました。

結果はアメリカチームの優勝でした。アメリカはアマチュアチームによる初参加でしたが、最後の最後に1点差で日本チームを破りました。アマチュア同士の戦いではいい勝負でしたが、アメリカのプロが相手なら日本チームは勝負にならなかったでしょう。

こうして川崎市は、07年のアメフトワールドカップの日本初開催に一役買いましたが、

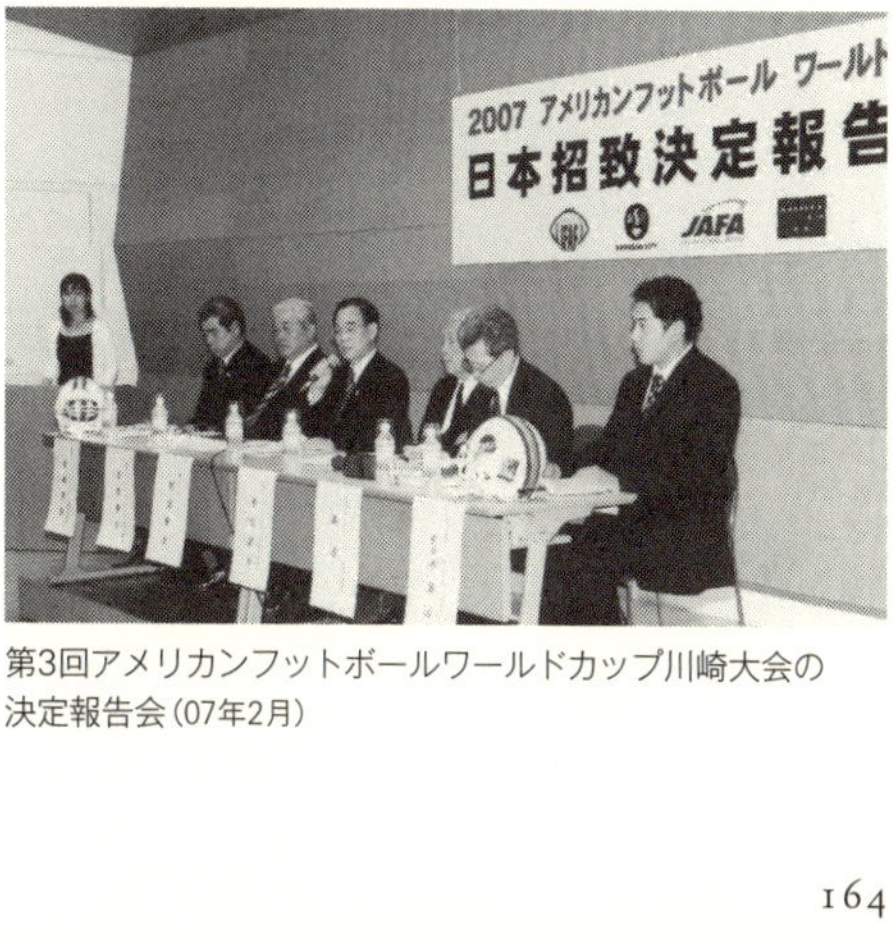

第3回アメリカンフットボールワールドカップ川崎大会の決定報告会（07年2月）

その4年後のワールドカップはオーストリアのウィーンで開催されることになりました。私は前回の日本開催の会場都市の市長としてお招きを受けました。それだけの用事では多分ウィーンまでは行かなかったと思います。しかしその開催日程がスイスのモントルー・ジャズ・フェスティバルとうまくつながる7月半ばということでしたので、これは何かの縁かなと思いました。

そこでまずモントルーを訪問し、クロード・ノブス氏と会って11年の川崎市でのモントルー・ジャズ・フェスティバルの開催を決定してからウィーンに行き、日米の戦いになると予想したワールドカップの決勝戦に臨むという計画を立てました。そしてその決勝戦では、開会前に優勝カップを競技場に持ち込んで所定の場所に据える役目を果たすことになりました。

決勝戦の前日、予定通りウィーンに到着して浅田会長や川崎市体育協会会長の斎藤義晴氏たちと合流しました。しかしそこで聞かされたのは、日本チームは前日の準決勝でカナダに敗れ、決勝戦はアメリカとカナダの戦いになるということでした。ガックリと肩の力が抜けましたが、これは日程上仕方のないことで、翌日の決勝戦において、4人の兵隊に囲まれながら重いトロフィーを会場に据えました。観客は6〜7万人はいたと思います。

都市対抗野球に出る三菱ふそう川崎硬式野球部と東芝野球部の2チームの壮行会にもよく行きましたし、東京ドームでの試合もよく応援しました。2チームともたびたび優勝し、その都度私も胴上げしてもらいました。主催者は毎日新聞社ですが、東京ドームでは当時同社のスポーツ担当の記者をしていた小中学校時代の同級生の二階堂昭雄君にバッタリと出会いました。彼は福島の田舎の中学校を卒業してすぐに東京に働きに出て、働きながら定時制で高校そして早稲田大学を卒業し、毎日新聞の記者になっていたのです。しかも「アマチュア野球の神様」と言われるほどのカリスマ記者になっていました。東京で小中学校時代の同級生に出会うことはほとんどないという中での驚きの出会いでした。

三菱ふそう川崎硬式野球部は優勝の常連チームでしたが、本体の会社がメルセデス・ベンツと統合になり、ドイツ人の社長の時に廃部にされてしまいました。市議会議長を務めた潮田智信氏はこのチームの出身で、現役時代に大活躍をし、ソウルオリンピックの際は日本チームの引率者も務めたということです。日本式の会社経営において重視されるスポーツチームを持つことの意味がドイツ人の社長にはよく理解されなかったようです。

アメフトのワールドカップが開催された等々力陸上競技場は、川崎フロンターレのホームグラウンドでもありますが、もともとは陸上競技場です。陸上関係者の間では、政令市なのに国際級の競技大会が開けないのは情けないという声が広がっていました。東京と横浜の間の谷間と悪口を言われる川崎市を何とか尾根に高めようとシティセールスを進めてきた私にとっては、そのまま放っておける話ではありませんでした。11億円もかけて本格的なサブトラックを整備しなければならないという話を聞いて少し迷いましたが、折しも北京オリンピックの開催が近くなっており、川崎市の大会で代表選手が決定されると聞いてそれも悪くはないと思いました。国際規格へ向けた改修工事は順調に進み、08年5月のゴールデン・グランプリの開催に間に合いました。この5月の大会はオリンピックの代表者の選考会であり、川崎市にとっては初の国際級の陸上競技大会でした。

北京オリンピックでは、男子100メートルでとてつもない速さを見せたウサイン・ボルト選手が大きな話題になりました。そのボルト選手が北京大会の後、川崎市で開かれたスーパー陸上にやってきました。しかし、あまり速すぎて一緒に走る相手がいないので、彼は小学生たちと一緒に等々力陸上競技場のトラックを走りました。

ビーチバレーも川崎市では盛んになりました。川崎市長杯は年間ツアーのひとつに加えられるようになりました。川崎港の振興事業として川崎市港湾振興会館(川崎マリエン)に本格的なビーチバレー用のコートを整備しました。選手には法政大学出身の朝日健太郎選手(後に参議院議員)、NECレッドロケッツ出身の浦田聖子選手などがいて、川崎を背負って活躍していました。朝日選手のようなオリンピック代表選手の後に続く選手が出てくるようにとの関係者の要請があり、市は川崎マリエンの体育館や本館など

川崎マリエンで開催されたJBVツアー2013
第5戦川崎市長杯で挨拶(13年10月)

を活用して公式トレーニングセンターを整備しました。

川崎港は大部分が企業の専用埠頭ですが、公共埠頭の部分には国際郵便の集配拠点になっている郵便局や日本最大の食肉流通センターなどがあります。首都圏の輸入冷凍食品のかなりの部分を川崎港の冷凍倉庫群で扱っています。しかし川崎港の振興は行政としても大きな課題となっており、ポートセールスとともに市民の理解や港の利活用を促進する取り組みが重要になっています。

第5章

日本の産業首都への成長戦略

大都市の役割と広義の福祉

２００4年度からミューザ川崎シンフォニーホールをシンボルとして「音楽のまちづくり」を始めましたが、その際に私が強く意識したのは隣りの東京都や横浜市との関係でした。２０００席ほどあるクラシック専用の大きなホールですから、対象区域の広域性ということを当然意識しなければなりませんでした。中核となる対象者の数が限られますから、その分を広域性でカバーすることを考えました。06年に川崎駅西口にラゾーナ川崎プラザという大型ショッピングセンターが建設された際にも市域を超えた広域的な集客ということを願いました。経営母体の名をそのまま使ったららぽーとではなく、集客範囲が青天井になるように全く新しい名称を使用するようにと事業主の東芝にしつこく提案しました。

川崎市は明治以後の日本を代表する工業都市として発展してきており、その製品は海外に出荷されてきました。国際社会を相手にしたからこそ工業都市として発展してきたとも言えるでしょう。しかし都市づくりにおいても国際社会を相手とするような対応を行ってきたかどうかとなると疑問があります。主力となる大手の企業も川崎市民もその多くが国際的に活動しているのに対し、活動の器を形成する都市づくり、すなわち「広義の福祉」は十分ではなかったように思います。

私が市長に就任する前の約30年間、公害対策には大きな進展が見られ、バラマキと言っていいほどまで狭義の福祉は強化されました。厳しい公害対策を企業に課す一方で市民の日常生活を支える狭義の福祉の充実が図られ、しかもその財源は企業からの税収等に依存してきました。工業用水の料金は高く、しかも極端な逓増料金制でした。節水は重要ですが、バブル経済の崩壊後に企業が経営に苦しむ新しい時代になってもそれが継続されていました。工業用水の水量が余っているのに一般の水道事業から大量の水を購入するという形で、工業用水道事業会計から水道事業会計へ資金を移していました。

私は石川県の商工労働部長の時代に企業誘致も担当しました。企業負担の大きい初期投資に多額の公費補助を行うなど懸命に誘致活動をしている地方の自治体から見ると、とても考えられないことでした。地方の自治体は涙ぐましい努力をして雇用を確保し、税収を確保しているわけです。私は川崎市の不合理な工業用水の料金制を改革するとともに水道事業そのものも大きく改革する必要があると思いました。

公害は悪であり退治する必要がありますが、その悪を克服した後の企業は善になると思います。雇用を生み、世の中の需要を満たして人々の願いをかなえます。人々は金を払ってそれを購入し、自分の需要を満たして喜びます。そもそも企業は、人々の不便を克服し望みをかなえる手段や道具を生産し提供して発展してきました。それを継続する事業者にとって動機づけとなる報酬や配当も一連のシステムの一部にすぎません。もちろん報酬や配当が過大になるのは極めて不健全なことです。それへの反省から最近では社会事業論が生まれ、新しい流れを形成しようとする動きが見られます。

国内だけでなく国際的にも貢献している企業は川崎市の宝だと思います。世界の人々が不便を克服し望みを実現しようとしているのを手伝っています。このような市内の企業活動を支援し、雇用と税収を確保しようとする取り組みは地方自治がめざす「公共の福祉」のうちの広義の福祉に当たります。狭義の福祉はいわゆる弱者対策の社会福祉で、児童福祉、高齢者福祉、障害者福祉などがそれに当たります。

川崎市は、広義の福祉が極端に弱い都市でした。公害対策で企業に厳しく対応してきた流れがそのまま公害克服後まで続き、企業誘致に奔走する他の自治体からは想像もできないような状況になっていました。老人医療費の無料化など給付型の狭義の福祉は強化されてきましたが、土地利用対策や道路網の整備など川崎のまちの土台を造るようなハード系の事業は不十分でした。国庫補助の大きいこれらの事業を軽視し、自前の一般財源で行う狭義の福祉を重視してきたわけですが、これは財源の有効活用という面からも問題であり、私が市長に就任した時点において財政危機宣言を出さざるを得なくなった大きな原因にもなっています。

川崎市という大都市が国際社会でどんな役割を果たそうとするのか、川崎市民が自分のまちにどんなイメージを持つのか、その中でどんな活動を行おうとするのか、地域おこしが全国的に重視される中で川崎市は市内の資源をどう活用していくのか、そういった広義の福祉への要請は無限に存在します。

サイエンスパークと科学技術サロン

市長に就任して2年目の02年は川崎市内の経済が最も悪化していた時期でした。それは各種の指標や市の財政状況にもはっきりと現われています。臨海部には200ヘクタールを超える遊休地があり、川崎駅の西口には旧東芝堀川町工場の跡地が利用されることもなく塀で囲まれていました。今でこそ人気スポットとなっている武蔵小杉駅前も当時の経済状態を示す典型でした。

しかし川崎市は、そこが出発点となって新たな方向に進み出しました。ある人が「灰色の川崎がパステルカラーに変わった」と表現しましたが、それほど大きく川崎は変化し再生しました。産業面では研究開発機関が市内に次々と集積し、川崎駅や武蔵小杉駅の周辺は、市街地再開発事業によって一変しました。音楽やスポーツも盛んになり、人々が集まってくる魅力あるまちへと再生しました。

多摩川沿いにあるいはJR南武線沿いに企業などの研究開発機関が集積しましたが、その数はたちまち200を超えました。多摩川ハイテクバレーとかイノベーションバレーという表現も登場しました。高津区には昭和の末期に神奈川県と川崎市が共同出資して設立した世界最大級のサイエンスパーク「KSP」があり、そこには多くのベンチャー企業が入居しています。新川崎地区では、頓挫した第2KSP構想の代わりに市が単独で設立したかわさき新産業創造センター（KBIC）が完成し、そこにも多くのベンチャーが入居しました。臨海部にはJFE系列の都市開発会社が古い建物を活用したTHINK（テクノハブイノベーション川崎）という珍らしい民間のサイエンスパークができました。川崎市は市内に3つもの本格的なサイエンスパークを持つ新しい研究開発都市へと大きく転換しました。新川崎・創造のもり地区にはK²（ケイスクエア＝川崎市と慶應義塾大学のKかけるK）タウンキャンパスがあり、慶應義塾大学工学部の最先端の研究が進められています。麻生区の企業誘致で苦戦したマイコンシティには塩漬け土地問題の解決後は次々とハイテク企業が立地しました。このようにして川崎市の研究開発都市化はどんどん加速されました。

阿部市政はこの最先端の研究開発都市への大転換の流れを対外的に宣伝するとともに研究開発機関の一層の集積を図ってきました。大手の企業の多くは、国内に研究開発拠点を置いて試作品の製造までを行い、大量生産は他の地域で行うという方向に進みました。市内の遊休地については、企業等が研究開発機関の新設に一部を活用し残りはマンション開発などに転換するという新しい流れができました。それもあってか市の人口は毎年増え続け、市長就任時には124万人だったのが退任時には147万人に増えました。年平均で2万人増えたことになります。

しかし残念なことに川崎市の企業は多くが東京と横につながっており、川崎市という単位でまとまったり川崎市という単位で大きなイベントを行うことはほとんどありませんでした。市内に200を超える研究開発機関が立地し、何万人もの研究者が活躍しているのに、川崎市を単位とするまとまりがありませんでした。そこで私は、異業種交流や研究者の集まりから将来の日本を支える新しい取り組みが生まれることを期待し、川崎市を単位とする研究者の集まりをサロンという形で開催することにしました。市内在住でノーベル賞候補の東大名誉教授藤嶋昭氏を筆頭とする世話人会のお膳立てで開催する「かわさき科学技術サロン」はこうして06年にスタートすることになりました。

このような流れの中で川崎市への研究開発機関の集積は順調に進んできました。09年1月には慶大、早大、東工大、東大の4大学と川崎市によるナノ・マイクロファブリケーションコンソーシアムの合意が成立し、共同で大型クリーンルームを備えたナノ・マイクロ技術の先端研究開発施設を新川崎・創造のもり地区に設置することになりました。そして国からの巨額の研究費助成が内定し、09年度に建設に着手することになりましたが、この年の夏の総選挙で民主党政権が誕生して状況は一変してしまいました。

「コンクリートから人へ」というスローガンを掲げる民主党政権がナノ・マイクロ技術の研究開発施設をコンクリート事業と認定し、研究費助成を拒否してしまったのです。困ってしまった4大学と市は相談を重ねた結果、まちづくり予算を活用して市単独で研究開発施設を建設することにしました。当初予定の規模の半分ほどに小さくなってしまいましたが、私が市長を退任する直前にKBICの新館としてナノ・マイクロ産学官共同研究施設NANOBIC（ナノビック）が完成し、大学や企業等のナノ・マイクロの研究に貢献することになりました。ここでは日本IBMと東大との共同研究も行われることになりました。

このようなナノ・マイクロの研究や市内の実験動物中央研究所の臨海部への移転、国際化した羽田空港に近い殿町3丁目地区の自動車工場の移転跡地の活用などがやがて一体に結びついてライフイノベーションの拠点キングスカイフロントが出現することになります。

多摩川に沿って細長い川崎市は、南部の工業地帯と北部の住宅地区との間に一体性が乏しく、まとまりがないと言われてきました。人口17～23万の7つの区がそれぞれに特色を持つ点ではプラスですが、ＪＲ南武線で結ばれている南北が市民意識の面でまとまっていないのはマイナスです。川崎イコール公害のまち、灰色のまちというイメージが市民の意識面での「川崎離れ」を生んでいました。市民が「川崎」という言葉にプラスのイメージを持たないために市民としての一体感が生まれないというのは誠に残念なことでした。

「かわさき科学技術サロン」は、新しい川崎の特徴を示すものでありプラスのイメージをもたらすものでもありました。この他にも産業面でプラスのイメージを創る取り組みはいくつか実施してきました。例えば、ＢＵＹかわさきキャンペーンでの川崎名産品の認定、川崎ものづくりブランドの認定、川崎国際環境技術展の開催などがそれです。

さらには文化・スポーツ面でも市民が一体となって誇れるような特色づくりを進めてきました。その代表例が「音楽のまちづくり」や川崎フロンターレなど市内を拠点に活躍するスポーツチームを支援する「ホームタウンスポーツ推進パートナー制度」です。

「灰色のまちからパステルカラーのまちへ」のイメージ転換は、なかなか全国的には浸透していかないようです。

川崎市内で活躍する研究者の多くは、東京の本社や本部とのつながりを強く持っていますが、川崎市内の他の業種などとのつながりはほとんど持っていませんでした。地方の拠点都市では市を単位とする交流も多いと思いますが、首都圏のベッドタウン都市ではそういうまとまりがないという弱点を持っています。

研究開発都市として一体性を強め、国際社会での存在感を高めるためには、都市としてのまとまりが必要です。04年に設置した「音楽のまち・かわさき推進協議会」の会長に就任してもらった東芝の西室泰三会長と「音楽のまちづくり」について対談する機会がありましたが、その際西室氏から、科学者には意外と音楽好きが多いのだという話が出ました。そしてその流れから市内の多くの科学者を川崎市というくくりでつなげてはどうかというアイデアが生まれました。

「かわさき科学技術サロン」は06年にスタートし、年に3回ずつずっと開催を続けています。代表世話人の藤嶋昭氏は、光触媒の研究と実用化で大きく貢献し、ノーベル賞候補にもなっていますが、市の教育委員を務めたり、子ども向けの図書を出版したり、地域活動でも大活躍を続けてきました。夫人のとみ子氏もまた、花柳錦右として日本舞踊で活躍し、市の総合文化団体連絡会の会長も務めました。

藤嶋氏と一緒に世話人を務める科学者等は大手企業の研究開発機関の代表者たちで、そのメンバーの豪華さはかつて私が勤務した自治体では考えられないような面々でした。やはり川崎は日本の産業首都なんだとの感を深めながら、市長として私は毎回サロンに出席し、世界の最先端の話を聞きながら赤ワインを楽しんできました。私の赤ワイン好きが影響したようでサロンでの飲み物は赤ワインが定番になりました。

講師は藤嶋氏等の人脈や川崎市の底力を示すような関係者から依頼した第一人者で、司会の三浦宏一氏の軽妙なリードもあって、難しい話も楽しく聞くことのできるサロンになりました。3回に1回は企業等の現場で開催しており、これもまた川崎市の強みであり、ずっと長く続いてきました。

しかしサロンは市政の中では「広義の福祉」ですから、異論もあります。新川崎の創造のもり地区や殿町3丁目のキングスカイフロントで進めてきた全国的あるいは世界的な取り組みが川崎市民にはどのように役立っているのかと疑問視する向きもあります。広い意味の公共の福祉だと言ってもすぐに理解してくれる人はむしろ少ないのではないかと思いますが、それが産業首都川崎市には必要だと私は判断しました。

ひと言で言えば大都市の対外的な役割であり、他への貢献が回り回って川崎市あるいは市民の利益につながっているわけです。国内で東京がそうであり世界でアメリカがそうであるように、他に大きく貢献するところに人材や技術が集まり、雇用が生まれ、関連する身近な企業も育ち、質の高い消費も生まれます。狭義の福祉を包み込み、それを支える大きな枠組みが広義の福祉です。

実験動物中央研究所の移転が出発点

川崎市内には200を超える研究開発機関が立地していますが、その中に実験動物中央研究所という実験研究用のマーモセットという小さい猿やマウスを開発して世界中の研究開発機関に提供している財団法人があります。野村龍太理事長の父で先代の野村達次氏が1952年に設立したもので、市内宮前区の野川という住宅街の真ん中にありました。設立当初は住宅街ではなかったでしょうが、高度経済成長期の都市化によって住宅街になり、周囲には民家が密集してきました。

免疫のない実験用の動物を育てて管理するという特殊なノウハウと管理システムが求められ、一般の研究開発機関では簡単には扱えない分野です。ポリオワクチンの開発に貢献するなど多くの実績がありましたが、何よりの強みは世界中の医学等の研究機関とコネがあることでした。川崎市が世界的な研究開発の拠点都市になるために必要だと思われる求心力を備えていました。野川という狭い地域の名前から命名された「ノグマウス」は世界中に供給されていました。

研究所は住宅街の真ん中にあり、しかも建物は古くなっていたため、これを他の場所に移転するという話が出てきました。いくつかの候補地を考えた後に私は、移転場所として羽田空港の多摩川対岸の殿町3丁目のいすゞ自動車の跡地を頭に浮かべました。後に国際戦略拠点キングスカイフロントとなる都市再生機構所有の空地です。

川崎臨海部をエココンビナートにするという構想を進めていたこととの関連で、この空地は将来は環境技術関係の研究開発拠点にしようと考えていましたが、ここに新たに実験動物中央研究所を移転するという構想が加わってきたわけです。そうすればこの空地は、将来は医療関係の研究開発拠点としても芽が出てくるのではないかと考えました。新川崎地区では慶大、早大、東工大、東大の4大学によるナノ・マイクロの研究も進んでいましたから、これとの連携も考えられました。羽田空港の再国際化に伴って殿町3丁目地区の国内・国際的な拠点性が高まれば、医療関係で先行する神戸などとも連携しやすいし、世界中の先進的な研究開発機関とも連携しやすくなります。

殿町3丁目地区の広大な空地については流通業界からは熱い視線が送られ、さらにはカジノやコンベンション誘致の構想も渦巻いていましたから、単純に入札すればかなりの高額で売れただろうと思います。しかし川崎市は、都市再生機構との間で協定を結び、羽田空港の拠点性を活用した世界的な研究開発の拠点づくりを選択しました。かつて臨海部が日本経済発展の拠点機能を担ったように、新しい時代の新しい拠点機能を担い、グリーンイノベーションやライフイノベーションで世界に貢献する新しい産業首都としてこの地が発展することを願いました。その第一歩を実験動物中央研究所の移転によって踏み出すことになりました。

後にキングスカイフロントと言えば即ライフイノベーションの国際戦略拠点ということになりましたが、その出発点は市内の住宅街からの実験動物中央研究所の移転用地の確保にありました。それを進めるために市は都市再生機構から土地を買い、定期借地権でその土地を実験動物中央研究所に貸すという手法を採りました。これは土地開発公社の塩漬け土地問題を処理した際に採った手法と同じです。

幸いなことに、同研究所が移転する際には、同時に慶應義塾大学の岡野栄之教授のiPS細胞を使った脊髄再生医療の研究がスタートすることになり、両者が協力して新しい研究所を建設することになりました。

殿町3丁目地区のキングスカイフロントにはその後続々とライフイノベーション関係の機関が集積することになりましたが、その第一号は実験動物中央研究所の再生医療・新薬開発センターであり、そして第二号は市の環境関係の研究機関を集約した環境総合研究所および衛生研究所を発展させた健康安全研究所等が入居する川崎生命科学・環境研究センター(LiSE)でした。

環境も医療もともに人間の身体や日常生活を支える最も身近なもので、直接的に人間に貢献する科学技術の究極の目的分野であり、豊かな社会、発展した社会において重要性が高まる分野だと私は考えました。これを産業化して社会に定着させることが先進国の役割だと考えました。川崎市が日本の産業首都としてその役割を分担し、日本経済のさらなる発展のために貢献することが市民の誇りを確立し経済基盤を安定させる重要な要素になると考えました。キングスカイフロントのプロジェクトはそのような考えのもとに進めてきました。

ライフイノベーションの拠点「キングスカイフロント」

殿町3丁目地区の広大な空地は、かつていすゞ自動車のトラック工場があった場所で、約38ヘクタールありました。その半分をヨドバシカメラが買い取ってアセンブリ工場兼集配所等に使っており、残り半分を都市再生機構が買って所有していました。

そこへ実験動物中央研究所が移転してくることになりました。しかしまだまだ機構所有の広大な空地は残っていました。市の環境総合研究所等の用地を確保してもまだまだでした。しかしそれは視点を変えれば、将来に向かってグリーンイノベーションやライフイノベーションの拠点を形成していくための道を開くものでもあったわけです。

そこで川崎市は、小宮山宏氏(三菱総合研究所理事長)を委員長、寺島実郎氏(日本総合研究所会長)を副委員長とする国際戦略拠点づくりの研究会を組織し、羽田空港の国際化という絶好の機会に対応する国際戦略を練ることにしました。それを追いかけるように当時の民主党政権は国際戦略総合特区構想を打ち出し、全国から特区認定の候補を募集することになりました。

川崎市は早速その特区認定を受けるべく構想を固め、ライフイノベーションの拠点を形成する国際戦略の案を策定しました。殿町3丁目地区に医療関係の研究開発機関を集め、新川崎地区のナノ・マイクロの研究とも連携するというものです。そしてその際、殿町3

丁目地区を新たに「キングスカイフロント」と命名することにしました。２０１０年3月のことでした。

ネーミングの「ＫＩＮＧ」は殿町の「殿」であると同時にKawasaki Inovation Gateway の頭文字ＫＩＮＧを意味しています。「スカイフロント」は国際化した羽田空港への最前線を意味しており、寺島副委員長の「羽田との関係を示す言葉が欲しいね」という発言などをヒントに考えたものです。

川崎市がキングスカイフロントを核とするライフイノベーション構想を発表しましたら、早々にジョンソン・エンド・ジョンソンが進出を決定し、日本アイソトープ協会も進出の意向を示すなど、信じられないほどの反響がありました。あらためてこの構想と産業政策の方向性の正しさを実感しました。そしてこの上り調子の流れを受け、国から国際戦略総合特区の認定を受けるべく申請することにしました。

しかし国による特区の認定には県や民間も含めた広範囲の参加が条件になるというので、国に申請するに際しては関係範囲を広げて横浜市や神奈川県とも協議しました。そして県からの提案もあってロボット開発に力を入れていた相模原市も加え、広範囲な

国際戦略拠点「キングスカイフロント」の移転第一号になった実験動物中央研究所

参加による国際戦略として申請することになりました。それぞれの自治体が戦略拠点や目玉事業を持っていましたから、それを集めて特区のビジョンを策定して国に提案しました。官民で総力をあげて取り組むために組織された特区推進協議会の会長には、皇室医務主管や日本学術会議会長を務めた東京大学名誉教授の金澤一郎氏が就任しました。

特区申請書を国に提出する頃には、国立医薬品食品衛生研究所が都内世田谷区用賀から移ってくることも決まっており、また東京大学の片岡一則教授のナノレベルの超微細技術によるがん細胞の狙い撃ち治療の実用化の研究拠点の新設構想も固まっていました。また近くの味の素の主力研究所では、アミノ酸の種類や量の組み合わせから、がんの種類や進行段階を診断できる「アミノインデックス」の研究が進められていました。これらの動向を踏まえて申請書類を作成し、ライフイノベーション戦略の将来像を示して国への特区申請を行いました。

国立医薬品食品衛生研究所については、世田谷区用賀から移転するための相手先を探していましたが、なかなか決まらず宙に浮いていました。その情報が入ってきましたのですぐに誘致に動きました。新薬の安全性や有効性を確認するレギュラトリーサイエンスの拠点となるこの国立機関の誘致は、特区構想に一層の厚みを加えるものでした。当時の財務大臣は味の素労組出身で川崎を地盤とする城島光力氏でした。横浜市への移転案もありましたが、川崎市への移転について横浜市の林文子市長の協力も得られ、11年12月に最終的にキングスカイフロントへの移転が決定しました。

しかし、本来なら国が土地を全部用意すべきところですが、国と川崎市とで都市再生機構の土地を購入し、市の土地は無償で研究所に貸すというプロジェクトになりました。

東京大学の片岡教授のナノレベルの研究は、ウイルスサイズのスマートナノマシンによるがん細胞の狙い撃ち治療の研究で、いわばSFの世界の「体内病院」の構築研究ですが、その拠点づくりは「ナノ医療イノベーションセンター」としてプロジェクト化されました。治療薬の副作用を回避して既存の安い薬を有効に活用することによって低コスト化を実現するこの研究プロジェクトは、特区認定の後に川崎市産業振興財団が事業主体となる国家認定のプロジェクトとなり、国から多額の助成を受けることになりました。

私が市長を退任した13年11月の時点では建物は実験動物中央研究所と川崎生命科学・環境研究センターの2棟しかできていませんでしたが、立地予定はすでに次々と決定しており、近いうちに建物が目白押しに建つことは目に見えていました。神奈川県もライフイノベーションセンターを建設して先端企業等の誘致を進めるなど積極的に参加しました。

キングスカイフロントの発展はとどまることを知らず、14年5月には安倍政権から国家戦略特区の指定を受け、時の政権から常に多大な支援を受けてきました。安倍内閣の官房長官は横浜から出ている菅義偉氏、内閣総理大臣補佐官として担当しているのは神奈川県出身の和泉洋人氏と、話しやすい関係者に恵まれていたことも大きな要因になっていたのではないかと思います。

神奈川県の黒岩祐治知事は、特区申請に際して「未病」対策を提案してきました。発病すれば治療があるが、むしろその前段階の未病時点での診断と対策がこれから重要だというわけです。味の素のアミノインデックスは未病段階のがんの可能性を診断するもので、すでに特区事業の中に組み込んでありました。未病段階の診断が充実してくれば、漢方薬などの東洋医学や機能性食品などの重要性が高まってきます。予防医学の出番でもあります。未病を診断して処方箋を書く専門家が必要になります。そして発病を止める手段の処方が発展すれば、その手段を供給する大々的な産業が必要になります。

未病対策の産業化は、ライフイノベーションの中でも突出した成長戦略になるのではないでしょうか。まずは未病診断の専門家の養成と資格化、そして診断を支える科学的知見の開発、それに基づく処方箋を実現する薬や食品その他の手段を供給する産業の振興といったシナリオが考えられます。

国際環境技術展とグリーンイノベーション

地方自治体の役割は地域における「公共の福祉」の増進にありますが、公共の福祉には狭義の福祉と広義の福祉があります。前者は社会的弱者に対するいわゆる福祉であり、後者は都市基盤の整備や産業振興などを含めた都市の総合的な経営です。

川崎市のように歴史ある工業都市は、これからも工業によって世界に貢献し、日本の経済を支え続けることが求められます。これに関連する企業活動や市民の日常活動は川崎市を構成する重要な要素になっています。私は広義のまちづくりの望ましい方向を見出す基本は歴史軸と地理軸であり、その軸からまちを見ることだと思っていますが、歴史軸から見た川崎市の強みは、日本を代表する工業都市としての発展と公害問題を克服する過程で蓄積してきた優れた環境技術にあると思います。これを一層強化して国内外に貢献していくことが川崎市の都市経営の基本になると考えました。欧米の都市では、環境は回復しても工業そのものが衰退した例が少なくありませんが、それと違って川崎市の場合は、工業生産を継続し発展させながら科学技術の力で環境問題を克服してきました。これは今後の発展が期待されるアジアの工業都市にとってすばらしいモデルになると思います。

そう考えて私は、市内企業による環境技術の研究開発を振興するとともに、環境技術を目玉とするシティセールスを、中国はじめアジアの諸都市へ出かけて展開してきました。市内企業に蓄積してきた個々の環境技術や官民共同で進めてきたシステム的な環境対策、そして川崎臨海部一帯を省エネと廃棄物ゼロのエココンビナートへと転換する構想などを紹介してきました。その際1960年代の煤煙たなびく川崎の汚染された空と現在の富士山までくっきりと見える澄み渡った空とを対比させた写真を相手に見せました。相手方は一様に驚き、そのインパクトはかなり大きかったように思います。

川崎市と姉妹都市の中国の瀋陽市はじめ上海市、香港、韓国の大邱市、ベトナムのハノイ市、ホーチミン市、友好港のあるダナン市などを訪問しました。このシティセールスでは、川崎市内の企業関係者にも同行してもらい、訪問先で即座に商談会を開催できるように準備をして行きました。

環境関係の国際交流としては、以前から進めてきた瀋陽市からの研修生の受け入れや、2005年1月に初回を開催した「アジア・太平洋エコビジネスフォーラム」（UNEP連携）などがありましたが、09年2月からは、川崎市内で大々的な「川崎国際環境技術展」を開催し、シティセールスで訪問した都市や「アジア・太平洋エコビジネスフォーラム」に関係してきた都市などに参加を呼びかけてきました。

市内の企業や研究開発機関、関係大学等が開発し蓄積してきた優れた環境技術を一堂に展示する「川崎国際環境技術展」はその後毎年2月に続けて開催してきました。川崎市とどろきアリーナという広い場所を会場にして200を超えるブース（13年2月の第5回では143団体242ブース）を展示してきました。大企業の省エネ技術から中小企業の効率的な

川崎国際環境技術展2009
2009年2月17日・18日に市内で開かれた「川崎国際環境技術展2009」。
これからの地球環境にとって重要なイベントとなり、大きな反響を呼びました。

09年2月に開催された「川崎国際環境技術展」の様子を伝えるパンフレット

浄水装置、光触媒を活用した新技術など多種多様な展示は、厳しい公害を経験した大都市・川崎市ならではの充実した内容となりました。

展示は誰に対しても自慢できる内容になっており、開会式には各国の駐日大使が多数参加する状況でしたが、この環境技術展の大きな特徴はさらにその先にあります。市内には実用化されている環境技術が多くあり、それらの稼動中の環境技術をエクスカーションで実際に視察するプログラムも設けてきました。そしてさらに商談会を設けて商取引まで進めることができるように工夫してあります。アジア諸国の工業化がさらに進む過程において必ず必要になってくる環境技術を一堂に展示し、実用化されている川崎市内の現場を見せ、商談によってそれを世界に普及させるのがこの「川崎国際環境技術展」のねらいです。川崎市が、先進的な環境技術を世界に普及させ、地球環境の保全に大きく貢献しながら世界的な拠点となる研究開発・産業都市として将来にわたって発展し続けられるようにという成長戦略でもあります。

この09年の「川崎国際環境技術展」の初回開催に先立つ08年2月には「カーボンチャレンジ川崎エコ戦略（CCかわさき）」を策定し、本格的なグリーンイノベーションへの取り組みを開始しました。これは地球温暖化対策の川崎版であり、温暖化ガスの市内での排出削減やスマート都市化はもちろん、市内に蓄積した先進的な技術や対策事例の国内外への情報発信、市内企業等による関連的国際活動の促進といった戦略をまとめたものです。この

「CCかわさき」によって市内の省エネ・低CO_2化はさらに進展しました。11年3月の東日本大震災の時期には、高効率の天然ガス発電所はもちろん、バイオマス発電所、風力発電所、大型太陽光発電所、発電余熱の企業間共同活用、上水道のマイクロ発電、地下商店街の大型の省エネ空調システム、地下水を活用した冷暖房、ガス会社営業所の太陽光による冷房システム、大型リチウムイオン電池の大量生産工場などがすでに揃っており、まさに川崎市は「環境ショーケース」として自慢できる状態になっていました。

「CCかわさき」においては「国際的な対応」を特に重視しました。地球温暖化対策では市内でのCO_2削減よりも市内企業による世界でのCO_2削減効果のほうが重要だと考えたからです。京都議定書のCO_2削減目標はすでに企業の努力などによって川崎市内では達成していましたが、市内企業が生産販売した省エネ機器によって世界中で削減されているCO_2はもっと大きいはずで、それを計算しないのはおかしいのではないかと思いました。国際的に活動する市内企業の原料調達段階でのCO_2削減、生産活動段階での削減、そして出荷・搬送段階から最終製品の利用段階、廃棄段階に至るまでの世界中でのCO_2削減効果を総合的に評価するのでなければ、地球温暖化対策の有効な評価にはならないと考えました。川崎市内での生産活動によるCO_2排出量を抑えれば生産は低下します。それによってもっと大きな世界中での排出量の削減を実現しないというのでは本末転倒です。

そこで川崎市では、企業による市内でのCO_2排出量が増加しても、そこで生産した製品や技術の普及によって世界中での排出量が大幅に削減されることになればよしとする評価方式を検討しました。これが「低CO_2川崎モデル」です。そしてこの評価方式によって企業が世界中のCO_2排出量の削減に取り組むよう誘導することにしましたが、その仕掛けを「川崎メカニズム」と呼ぶことにしました。またこの評価方式によってCO_2の削減効果が大きいと評価された具体的な製品・技術等を「低CO_2川崎ブランド」として認定し顕彰することにしました。そして毎年2月の「川崎国際環境技術展」においてその詳細を展示してきました。

川崎市が以上のようなグリーンイノベーションを進めてきた過程においては、多くの専門家の協力を得てきました。施策全般に渡って私と旧知の加藤三郎氏に参加してもらい、国連環境計画（UNEP）と提携する過程において末吉竹二郎氏に参画してもらいました。両氏には川崎市国際環境施策参与という肩書で縦横に活躍してもらいました。こういった方々からの協力があって「川崎発の環境産業革命」などと自負するグリーンイノベーションを推進することができました。

「低CO_2川崎ブランド」（日本初）の認定と展示

川崎市内のCO_2排出量の約半分は企業活動からのものでしたが、その半減により京都議定書に基づく削減目標を川崎市はすでにクリアしていました。環境技術の発展と工場転出による排出減が大きかったので、民生部門等での増加があっても全体では大幅減になっていました。しかし川崎市は工業都市ですから総排出量は高い水準で推移していました。

面積が狭く細長い都市で、そこで他都市や世界の人々の生活を豊かにするために行う生産活動から生じる排出量を大量に引き受けていたわけです。しかし環境技術によって大量のCO_2の削減にも貢献しているわけで、この狭い市町村単位でCO_2の排出量を計算することにどんな意味があるのか疑問に思いました。硫黄酸化物や窒素酸化物ならば市内で害をなすので意味がありますが、CO_2の場合は遠く離れた大気圏で害をなすわけですから、市内の活動が地球規模でどれだけCO_2削減に貢献したかを測り、その貢献量から市内での排出量を差し引いて計算すべきだと考えました。たとえ川崎市内の生産活動で排出量が増えても出荷した製品の効果で世界全体での削減量が大きければ大気圏への貢献度は高いわけで、市内で増えた分は市民に害をなすこともなく世界への貢献によってカバーされることになります。

市内に立地する企業が、原料調達、生産活動、製品の出荷・販売の過程でどれだけCO_2を排出したかを計算し、最終消費の段階まで合計してどれだけ削減効果をもたらしたかを評価すべきだと考えました。そしてこの考え方に基づいて新しいCO_2削減効果の評価方式を確立することとし、東京大学教授の足立芳寛氏を委員長とする検討会を設置しました。そしてさらにこの評価方式によって優れた製品・技術等と評価されたものを「低CO_2川崎ブランド」として認定し、広く川崎発として発信することにしました。

「低CO_2川崎ブランド」を本格的に実施する前に、まずは試行ということで09年度から「低CO_2川崎パイロットブランド」の認定を開始しました。09〜11年度の3年間の試行期間に26ブランドを認定し、毎年2月の「川崎国際環境技術展」において詳細を展示してきました。12年度からは「低CO_2川崎ブランド」の認定事業を本格実施し、川崎発の新しいCO_2削減効果の評価方式を定着させることに努め、それによって高く評価された製品・技術等の普及と企業活動の振興に力を入れてきました。

12年度に認定した製品・技術部門は7件、サービス部門は3件ありました。内容は富士電機の単機最大容量地熱タービン（36%削減）、JFEスチールのJFEスーパーコアによる太陽光発電設備効率向上（36%削減）をはじめショウエイ、高砂製作所、日本原料、パイオニア、富士通、東燃ゼネラル石油・JX日鉱日石エネルギー、日本電気といった企業が開発した製品・技術およびサービスでした。これらの認定結果の発表会は13年2月の「川崎国際環境技術展」において行いました。

「低CO_2川崎ブランド」のねらいは、世界のCO_2削減に貢献する川崎発の製品・技術等をライフスタイル全体で評価し、こうした製品・技術等のポテンシャルを広く発信し、環境と経済の調和と好循環による地球温暖化対策を推奨するとともに、市民・事業者の意識やスキルの向上を図り、地球規模での温室効果ガスの削減に貢献することにあります。そしてこれを「川崎メカニズム」としてシステム化し、定着させる取り組みを進めてきましたが、これは同時にグリーンイノベーションによる川崎市の成長戦略でもあり、都市経営の重要なポイントでもありました。

この取り組みは工業生産で国際的に貢献するすべての都市に共通するものですが、川崎市が先駆的であるという意味で「CO_2削減川崎モデル」と呼ぶことにしました。そしてこの事業のとりまとめを行った低CO_2川崎ブランド等推進協議会（足立芳寛会長）は、17年度に地球温暖化防止活動環境大臣表彰（対策活動実践・普及部門）を受けることになりました。

ウェルフェアイノベーションと福祉の産業化

川崎市の産業首都としての発展のために私が進めたもうひとつの成長戦略はウェルフェアイノベーションでした。グリーンイノベーションとライフイノベーションの場合は先端技術の研究開発とその普及が中心でしたが、ウェルフェアイノベーションは必ずしも先端技術ではなく、既存技術も活用した社会福祉の産業化あるいは福祉産業の振興でした。

少子高齢化が進んで課題先進国と言われる日本は、超高齢社会の望ましい在り方を世界に先がけて研究してそれを実現しなければならないという難題を背負っています。介護保険制度が00年に導入され、要介護度が高くなった高齢者をケアするシステムは前進しましたが、特別養護老人ホームはまだまだ不足し、介護人材の不足は目を覆うばかりです。私の市長就任時に特別養護老人ホームは23カ所あり、それを在任中に倍増させましたがまだまだ不足しています。

介護の現場は力の強い柔道整復師会の会員が重宝がられるような状態で、家庭内での老々介護や福祉施設での力の弱い女性の肉体的な負担など大きな問題があります。外国人に依存するにしても様々な問題があり、需要を満たすには時間がかかります。こういった問題を科学技術によって解決し、供給サイドを産業化することによって克服することはできないものかと考えました。

かつて私が地域おこしの講師やアドバイザーとして全国を回っていた頃は、医療や福祉の産業化など全く思いもよりませんでした。しかしその頃、米国では医療技術の開発や産業化に力を入れていました。シリコンバレー発の最先端の情報化に加えて成長分野として医療産業の振興に力を入れているということを聞いて不思議な思いをしていました。医療や福祉に必要な機械器具類や薬品などは確かに産業的に生産されていましたが、それが成長戦略になるとは想像もできませんでした。

一方環境については、環境庁の課長を経験してやや詳しく知っていましたから、環境対策は経済発展の足を引っ張る外部不経済としてではなく、開発の内部に統合されるものとしてあるいは公共事業のようにそれ自体として重要であり、それに対応する環境産業が必要だと思っていました。ですから、川崎市長に就任してすぐに環境産業による川崎再生ということを提唱しました。その時すでに廃棄物の再資源化や省エネ・低CO_2技術の産業化は川崎の強みになると確信していたわけです。しかしこれを聞いた市の担当者たちの反応は、変なことを言う市長だなというようなものでした。

ちょうどその頃石油価格が高騰し、地球温暖化が声高に言われるようになり、省エネ・低CO_2の重要性が叫ばれるようになりました。サミットのテーマも環境になり（洞爺湖サミット）、環境産業という言葉にも違和感がなくなりました。「川崎から環境産業革命を」ということまで私は言いました。グリーンイノベーションは省エネ・低CO_2と結びついて産業の面でも重要なテーマになってきました。

こういった世の中の変化を見て私は極めて重要な考え方に行き着きました。人間生活の中に需要があり、その需要を満たすために人が金を払い、その金をもらって物やサービスを供給するシステムができればそれが産業になる。需要が拡大する方向にあれば成長産業になり成長戦略の対象になる。公共事業と環境投資や医療・福祉事業への投資との間にどれだけの差があるのだろうか。

発展途上国の場合は設備投資など再生産につながる波及効果の大きい分野に重点を置かざるを得ないだろうが、先進国・成熟国の場合は人間の健康や生活に直接奉仕する最終消費に産業の重点を置いても全くおかしくはない。むしろそれこそが産業の究極の目的ではないのか。そう考えてみたら医療や福祉の産業化は成熟社会に最も適したものであり、途上国もやがては追い上げてくる（需要が増大する）成長分野そのものではないのかと思い当たりました。米国が早々に医療産業の振興に力を入れていたことを思い出し、あらためてその先進性を実感するに至りました。

ウェルフェアイノベーションは、課題先進国である日本国内で先行して需要が伸び、やがて中国はじめ人口の多い他の地域にも普及する大きな成長分野です。そんな考えからウェルフェアイノベーションを川崎市の成長戦略に加えることとし、グリーンイノベーションおよびライフイノベーションと並べて3つのイノベーションを阿部市政における成長戦略として位置づけることにしました。

私が川崎市長に就任して間もなく、自治省時代の先輩で川崎市民でもある石原信雄元内閣官房副長官から千葉商科大学の学長をしていた慶應義塾大学名誉教授の島田晴雄氏を紹介されました。氏は当時小泉内閣のアドバイザーをしており、日本の新しい方向として生活産業の振興を推奨していました。川崎市でも島田氏に市政アドバイザーをお願いし、関係幹部職員を中心に生活産業懇談会を設置して勉強会を始めました。

ある日その勉強会で私が福祉の産業化、福祉産業の振興ということを提唱しましたら、島田教授が大いに関心を示し、是非やろうということになりました。そして実際にそれを実行している日本アビリティーズ社（後にアビリティーズ・ケアネット）の伊東弘泰社長を紹介してくれました。伊東氏は自らが障害者で、多数の障害者が働く会社を自立的に経営し、税金を納めることを経営方針としていましたから、まさに福祉産業の実践者でした。
懇談会では伊東氏を講師に招き、氏の会社と市との間で交流が始まりました。

その頃アビリティーズ社は、横浜市に進出して顧客を増やす計画を進めていましたが、川崎市の福祉産業の振興方針を知り、横浜市での販売拠点づくりよりも川崎市での生産、研究開発拠点づくりの方に関心が移りました。そして川崎市臨海部のＪＦＥの空いていた工場の建物を賃借して生産活動を開始することになりました。

その後、市では福祉製品の研究開発や生産の振興に努めてきました。しかし福祉の現場では業者による福祉製品の販売合戦が展開されていましたから、市が展示会を開いてもよくあるセールスだと誤解され、それが製品開発のための企業向けの展示会だと理解してくれる人は少なかったと思います。ましてや福祉の現場から新製品の生産のアイデアが出てくることは期待できませんでした。現場では困っていることが山ほどあったはずですが、生産や技術開発とは結びつきませんでした。市では逆見本市というのも開きました。こんな製品があったらいいなというアイデアを募集して展示し、実際に生産してもいいという企業を見つけて支援するというプロジェクトです。

逆見本市がきっかけになって新製品が生まれるようになり、福祉産業への理解は少しずつ増していきましたが、やがては中国に大きな需要が発生し、大きな市場として中国が期待できるなどと言えるような進み具合ではありませんでした。そして一方では、福祉製品の生産の方に力点を置いてみると、どんなものが優れたものなのか、どんなものを生産すればいいのかという判断に迷いも出てきました。その迷いの中から、工業製品にＪＩＳマークがあるように福祉製品にも基準が必要ではないかという考えが出てきました。

福祉製品のための「かわさき基準（ＫＩＳ）」（日本初）

高齢者関係の福祉施設の人手不足はますます深刻になっています。業種転換による人材確保が進んでいますがまだまだ足りません。外国人を養成するにしても時間がかかります。川崎市の福祉施設では力の強い柔道整復師会の会員がもてもてでしたが、これでは介護人材の確保は行き詰まります。力の弱い高齢者や女性が簡単に対応できる介護サービスが求められます。そしてそれ以上に求められるのが、介護される本人が補助道具を使って自立度を高めることです。介護する側の人材の育成には限界がありますが、機械器具類の開発によって補完するという手法は極めて有効だと思います。

技術開発で福祉を産業化し、福祉産業を振興する川崎市の取り組みは、このような考え方に基づいて進めてきました。そしてこれが成功すれば川崎市内の中小企業は将来中国等の大きなマーケットで歓迎されるようになり、相手方から喜んで金を払ってもらえるようになるはずです。ウェルフェアイノベーションで重要なことはこの方向に向かってどれだけの努力と研究を重ねるかだと思います。

福祉を産業化するためには製品の良し悪しを判断する基準が必要になります。工業製品一般については日本工業規格（JIS）がありますが、福祉製品についてそれをそのまま当てはめるわけにはいきません。人間の肌に直接触れ、排泄などの微妙な行為に関係するため、人格の尊厳という最も人間的な部分に対応する規格でなければなりません。

そこで川崎市は、日本初の（おそらくは世界初の）福祉製品のための「かわさき基準」を策定することにしました。工業規格ではなくイノベーションの基準ということで、KAWASAKI INOVATION STANDARDの頭文字を取って「KIS」という略称にしました。

基準を策定するために検討会を立ち上げ、時間をかけて案を練りました。寝たきりの高齢者や多様な障害を持つ人たちへの配慮が大変難しく、多くの関係者の意見を踏まえて検討を進め、08年になって基準ができました。

「かわさき基準（KIS）」は、中心概念として「自立支援」を掲げ、この概念のもとに8つの理念を採用しました。すなわち、①人格・尊厳の尊重、②利用者意見の反映、③自己決定、④ニーズの総合的把握、⑤活動能力の活性化、⑥利用しやすさ、⑦安全・安心、⑧ノーマライゼーションです。

機能性や安全性、使いやすさなどの技術的な面で優れているのは当然のこととして、使う際の気持ち良さや自尊心の保持などにも配慮し、最終的には利用者の自己決定を尊重するような基準となっています。中心概念の「自立支援」は、機能の低下した高齢者や障害者が、日常生活において、自分の力で不自由なく、安心して、快適にできることを増やしていけるように支援するという考え方です。これに合格した機械器具を使うことによって本人の自立度が高まるだけでなく、介護人材の負担も軽くなるものと想定したわけです。

「かわさき基準（ＫＩＳ）」の策定後すぐに製品の認証を開始しました。最初の認証製品は室内専用家具調電動車いす、携帯できる音声拡聴器等でしたが、08年度からの5年間で84製品になりました。最初の認証は市内中小事業者の新製品に偏していましたが、既存の優良製品も認証対象に加えることになり、範囲は全国へと広がっていきました。

こうしてＫＩＳは市内中小企業の製品開発のガイドラインになりましたが、市は試作品開発や製品開発、事業化、販売促進まで一気通貫の支援を開始し、ＫＩＳ認証製品の創出や普及による産業の活性化とウェルフェアイノベーションの推進に取り組んできました。川崎市というひとつの自治体で策定した基準ですが、内容は全国的にあるいは世界的に通用するものであり、このガイドラインに沿った優良福祉製品が将来世界中の福祉現場で活用されるようになることを願っています。

市長任期も最後に近づいた13年の夏に福祉の国デンマークを訪問しました。交流の目的は環境技術、福祉およびデザインでしたが、福祉については日本で耳にしていることとデンマークの現場の実態とは随分違うなという印象を抱きました。人格の尊厳を重視して自立支援を中心にするという考え方はすばらしいと思いましたが、それは老人ホームの個室に炊事用具や家具等を持ち込んで入居者が自分の能力を使い切る（他の助けをできるだけ少なくする）という考え方のようでした。日本の特別養護老人ホームの個室方式とは全く違います。個室で人格の尊厳を守りつつ自立した生活を続けるためには、まさにＫＩＳ認証製品のような補助具が不可欠であることが分かりました。日本では補助具によって自立する部分まで介護人材が食い込んでいるようですが、デンマークでは空白になっているように見えました。

川崎市が基準を設けて福祉製品の開発を進めているという話には先方の担当者から大きな期待の声が寄せられました。川崎市の企業の技術力はその期待に十分に応えられると思います。あらためて「かわさき基準（ＫＩＳ）」の重要性を再認識した次第です。

シティセールスと「アジア起業家村」

産業都市として川崎市が発展する過程において中小企業は重要な役割を果たしてきま

した。しかしその中小企業が、経済のグローバル化の中で苦境に立たされました。大手企業が生産拠点を海外に移し、あるいは部品調達を海外に求めるようになり、下請企業の未来は先細りでした。超高度な技術や他が真似できない独自の製品を持つ企業だけがしぶとく生き残っていました。そんな状況の中で考えられた中小企業の生き残り策が海外展開でした。

国内のマーケットは少子高齢化と人口減少で頭打ちの状況ですから、より大きなマーケットを求め、国際貢献とセットで海外に進出するという道が考えられました。国際貢献としては、川崎市内に蓄積された優れた環境技術をアジア諸国に広めることが川崎市らしくていいのではないかと思われました。そんなことで、川崎市の強みである優れた環境技術を正面に立ててシティセールスを行い、中小企業の海外進出の地ならしをするという戦略を立てることになりました。

ちょうどその頃、神奈川県内でアジア人材の育成を支援する「アジア起業家村」というグループが活動を始めていました。日本国内でアジア人材が起業するのを支援し、彼らが本国に帰って大きな事業展開をできるように、あるいは日本企業の海外展開の協力者となるように人材を育てようという構想を持っていました。私もまたアジア人材の育成と市内中小企業の海外進出はワンセットだと考えていましたので、「アジア起業家村」を支援しながら中小企業の海外展開を推進することにしました。

「アジア起業家村」の代表者は山口務氏という通産省ＯＢで、江沢民元国家主席の出身校・上海交通大学の客員教授をしていました。その時点ではまだ川崎市と上海市との国際交流はありませんでした。姉妹都市の瀋陽市との間には交流があり、瀋陽市の職員が川崎市に環境対策の研修を受けに来ており、市長や職員の相互訪問も進められていました。そんな中で私が最初にシティセールスに出向くことになったのは上海市でした。04年5月に「上海国際廃棄物&清掃設備技術展」に参加し、そこで開催されるシンポジウムで講演することになりました。やがては中国において需要が増えるであろう環境技術について川崎市の先進性を宣伝し、川崎市の企業との取り引きが発展するようにと願ってのシティセールスでした。「アジア起業家村」のグループもこれに参加し、30人ぐらいの訪問団ができました。

このシティセールスでは、上海市および上海交通大学との間でそれぞれ環境技術交流を中心に相互協力協定を結びました。上海交通大学では学長に会い、相互協力の協定を結びましたが、学長は当初川崎市のことをさほど知らない様子でした。面会早々オートバイの川崎かと言うぐらいでしたから、当初は山口務氏の「アジア起業家村」を支援してくれる自治体だから協定に応じるという程度だったのではないかと思います。

しかし学長は、目の前に私が川崎市の地図を広げ、ここにＪＦＥ、味の素、東芝、キヤノン、ＮＥＣ、富士通と説明し始めると顔色を変えました。１９６０年代の煤煙で汚れた川崎の空と現在の富士山までくっきりと見える澄み渡った青空とを対比させた写真を見せると、学長は身を乗り出して私の説明を聞きました。

このように最初のシティセールスは上海市でしたが、その後姉妹都市の瀋陽市、香港、ベトナムのハノイ市、ホーチミン市、友好港のダナン市などへもシティセールスに出かけました。ハノイではハノイ国立大学で講演することになり、米国のクリントン大統領が講演した場所で同じ演壇に立ちました。おまけに昔の日本の真面目な学生を思わせる純朴な学生たちからサイン攻めに会いました。ベトナム人は親日を超えて「敬日」なんだという話を聞きましたが、それを身をもって実感することになりました。

こういったシティセールスの流れの中で中国では、川崎市には参考になる環境技術がたくさんあるという話が広がり、新華社や中央テレビもそれを報道するようになりました。私は日本では目立たない市長だが中国では有名なんだなどと冗談を言えるほどでした。2008年に胡錦濤国家主席が臨海部のJFEの廃プラスチック再生工場の視察に来たのもこの流れからでした。ただ残念ながら、視察対象がやがて中国で重要になる大気浄化や省エネなどの高度技術ではなかったことから、環境に対する当時の認識

胡錦濤中国国家主席が川崎市の環境技術を視察（08年5月）

のレベルの差というものを実感せざるを得ませんでした。日本の公害克服の過程を研究することによって中国では近道を実現することが可能ではないかと考えていましたが、やっぱり同じように公害に苦しんでから後に本格的な対策を開始するという道をたどることになったようです。

シティセールスの目玉は環境技術ですが、こちらから出かけて行ってのセールスには限界がありました。それに対し09年2月から川崎市内で開催した「川崎国際環境技術展」では多くの相手方にセールスをすることができました。アジア・太平洋エコビジネスフォーラムに参加したインド、フィリピン、インドネシア、マレーシアなどの諸都市からの来訪者や、思ってもいなかった中国の地方都市からの来訪者などもあり、展示とエクスカーションと商談会で構成する同技術展は、川崎市という単一の都市が開催する事業の一般的なレベルを超える賑いを見せました。駐日デンマーク大使も常連のように技術展に顔を見せました。

市議会議員の菅原進氏（公明党）がかつてデンマークの船会社マースクに勤務していたという縁で大使と親しく、デンマークと川崎市との環境技術を通じた交流もそんな縁によって前に進みました。デンマークは風力発電が盛んで、再生可能エネルギーの活用に積極的に取り組んでいました。デンマークを拠点にすれば川崎の技術がヨーロッパ全域に普及するのではないか、そしてそうなれば市内企業の活性化にもつながるのではないかと考えました。そして13年8月には訪問団を結成してデンマークへシティセールスに出かけました。

一方デンマークは福祉先進国とも言われていましたので、シティセールスの内容には川崎市の福祉産業の振興ということも加えました。実際にデンマークに行ってみて感じたことは、確かに再生可能エネルギーの導入にしても高齢者への福祉対策にしても考え方は進んでいてすばらしいけれども、それを実現するための具体的な技術や機材等についてはまだまだということでした。川崎市内の中小企業がデンマークのような考え方で研究開発を進めさえすれば、デンマークだけでなくヨーロッパ諸国の環境や福祉への取り組みに大きく貢献できるのではないかと思いました。

知的財産の交流と「川崎モデル」

シティセールスや「アジア起業家村」の支援において看板にした川崎市の強みは環境技術でした。優れた製品を買ってもらうだけでなく、技術移転によって世界の環境の改善に貢献するということも視野に入れていました。川崎市がこの分野で世界をリードする工業都市になるようにというのが私の思いでした。

しかし、単なる製品の販売だけでなく技術移転をするということになると特許権や商標権の問題が出てきますので知的財産の保護が必要になります。上海などに環境技術を中心にシティセールスを展開してきましたが、日本製品の偽物やまがい物が中国で横行していることが問題になっていました。登録商標権や特許権への侵害は将来質の高い本物を中国で開発する際にブレーキになり、中国が先進工業国へと脱皮するのを妨げるものになるだろうと思いました。

私は中国が川崎の先進的な環境技術を採用しつつも将来は独自の技術を開発して環境先進国になることを望んでいましたので、まずは知的財産権の重要性について認識を深める取り組みを進め、それを共通の認識にしながら技術移転を進めていく必要があると考えました。環境対策は世界の喫緊の課題ですから、優れた技術が広く速く世界中に普及することが望まれます。そのために国際的な知的財産に関する交流会の開催を企画し、08年4月に川崎市内で「アジア知的財産フォーラム」を開催することにしました。このフォーラムを皮切りにして香港との交流を深めることになりましたが、香港との交流で期待したことは、中国本土と香港との経済取り引きを通じて知的財産権の重要性への認識が中国全土へと広がることでした。ささやかな試みでしたが、当時香港との交流はすでにかなり進んでいましたから、それに知的財産権を追加するだけでした。日本と同じ土俵に立てる香港は中国本土との間のクッションとしてちょうど手頃だと考えたわけです。

一方国内では、大手企業の未使用特許がもったいないという話が広がっていました。大手企業と中小企業が共存する川崎市は、未使用特許を有効に活用するのに最適の都市ではないかと思い当たりました。そこで未使用特許を通じて大企業と中小企業を結びつけ、市内中小企業を振興するプロジェクトを立ち上げました。それが後々「川崎モデル」として話題になった「知的財産交流会」の出発点です。

時あたかも中小企業が大手の下請から脱皮して独自の製品開発で生き延びようとしていた頃でしたので、この取り組みは絶妙のタイミングでした。川崎市の知的財産戦略として海外との交流と国内の知的財産交流会を2本柱に位置づけ、様々な取り組みを進めました。特に大手企業の未使用特許を中小企業に橋渡しする知的財産交流会は大きな成果をもたらすことになり、まさに「川崎モデル」として賞賛されるほどになりました。

大企業と中小企業との知的財産交流の第一号は市内に本社のある富士通と市内中小企業との結びつきでした。その後NECや東芝など市内に大きな研究所を持つ企業が協力企業として参加しましたが、富士通関係が実績を出すという形で先行していきました。

大手と中小企業とでは知的財産についての認識に違いがあり、中小ではノウハウも不十分なため、両者の直接交渉ではなかなか話がまとまりませんでした。そこで大きな役割を果たしたのがコーディネーターでした。市の職員や川崎市産業振興財団の専門家たちがコーディネーターとして努力を重ね、仲介のノウハウを蓄積して実績をあげてきました。

以上のように川崎市は、経済産業省において大手の未使用特許が取り上げられ、それの中小企業での活用の話題が出るやいなや真っ先にその実現に取り組み、アジア諸国との交流も含めた知的財産交流事業を推進してきました。スタートは07年のことです。マイクロソフトの関係者の提言や協力も大きな役割を発揮しましたし、弁理士協会からの協力も大きな力になりました。

このような国内での流れの中で中国上海市や香港への知的財産を内容とするシティセールスを展開したわけです。これがどの程度効果を発揮したかは分かりませんが、少なくとも交流会に参加した相手の企業や関係者には理解してもらえたようです。

日本もかつては物真似大国と批判されることがありましたが、石油危機の頃から日本の特許は米国でも大きなシェアを占めるようになり、日本は発明大国への道を進むことになりました。次の順番は中国ということになるのでしょうか。上海市にシティセールスに行った際、上海交通大学の教授が電気自動車の研究をしているのを見ました。単にエンジン部分を電池に置き替えているだけでした。新川崎・創造のもりで慶應義塾大学の清水浩教授が研究していたエリーカと比べると何と遅れていることかと思いました。しかし一方、電気自動車は複雑なエンジンを必要としませんから、オモチャと同じ発想で製品化できるのではないかという気がしました。もしそうならば、中国で簡単に大量にできてしまうのではないかと思いました。難しいのは電池だけになりますから、もし電気自動車の時代がくるならば、中国の独壇場になり、世界は電池の競争の時代に入るのではないかと思いました。

その頃から私は、電気自動車の時代は中国の時代になると言い続けてきました。しかし一方、環境対策は遅れると思っていました。というのは、中国の関係者から川崎市の公害対策のきっかけを尋ねられた際に私は「それは市民からの突き上げと選挙だ」と答えており、中国ではそれは期待できないと思っていたからです。案の定、北京はじめ大都市の上空はニッチもサッチもいかないほど大気汚染が進みました。そして中国は、ついに上からの権力で環境対策を進めるようになり、一挙に電気自動車による中国の時代を実現しようという方向に進みました。

第6章

市民本位のまちづくり

大都市における住民自治を模索

川崎市に住んで10年目に私は市長選挙に立候補しました。その間、北陸や北関東の大学に通いながら自ら住む川崎市という大都市の自治行政についてもいろいろと考えてきました。そして強く感じたことは、川崎市政あるいは市役所というものが市民生活からえらく遠く見えるということでした。

多数あるテレビチャンネルはほとんどが全国放送で、首都圏ニュースもあるにはあるが川崎市の話題は極めて少ない状況でした。新聞もほとんどが全国版で川崎市についての情報は全く不十分でした。選挙での投票率も低く市長選挙単独では35%ぐらいでした。市民の多くが市政に関心を持っておらず、持ったとしても不十分な情報しか得られないというのが現実でした。

川崎市の人口の半分以下の鳥取県では知事と市長村長とを合わせて20人ほどの自治行政の責任者がいます。人口が約半分の高知県では35人ほどの首長が自治行政を分担しています。それに対し川崎市では1人の市長ですべて対応します。横浜市の場合には鳥取県の約6倍の人口に1人の市長が対応します。そう考えたら、地方自治の本旨の住民自治とは一体何なのか、大都市における住民自治はどうあるべきなのかについて根本から見直す必要があることに気がつきました。

一方において自治の主体である市民社会は高齢化が進み、人口減少時代の到来も目の前に迫ってきています。税収が減少するのに行政需要は増加するような時代がすぐそこまで来ています。これまでのように市民は納税するだけで、行政はすべて給料で働く公務員に寄りかかるような高度成長期のやり方ではたちまち財政が破綻します。納税額は少なくても市民の協働で都市の諸活動を支えるような新しい（実は昔あった）やり方で自治のまちづくりを維持していくことが必要になります。

2000年の地方分権一括法によって地方自治制度は変化しました。市町村長を国の出先機関として扱う機関委任事務の制度が廃止され、各種規制が緩和されるなどの改革が行われ、国と県および市町村が並列対等に位置づけられるようになりました。市町村の自由度が増したことにより、市町村では住民と行政との協力によるなお一層の創意工夫が求められるようになりました。

大都市の住民自治もこのような時代の流れに対応していくことが求められるようになりました。そこで時代が求める住民自治を実現していくために私は「市民本位のまちづくり」ということを市政運営の大きな柱に位置づけました。市長就任早々から最大の課題だった「行財政改革の断行」、そして「新総合計画『川崎再生フロンティアプラン』に基づく元気都市づくり」に加えて「市民本位のまちづくり」を阿部市政の3本柱にしました。

前述の通り、市長に就任した11月19日は米国リンカーン大統領が有名なゲティスバーグの演説をした日に当たりましたので、初登庁の市役所玄関前で同大統領にあやかり「市民の、市民による、市民のための市政」ということを格好よく宣言しましたが、それは私の本音でもありました。そして大都市においては難しい「市民本位のまちづくり」に覚悟を決めて実際に取り組むことにしました。具体的には自治基本条例の制定、区役所分権と区民会議の設置、パブリックコメント手続条例の制定、住民投票制度の導入、市民と行政との協働型事業の推進といったシステムを整備し、システムの運営に取り組むという内容でした。

市長就任翌年の02年は行財政改革プランの策定で手いっぱいでしたので、その翌年の03年10月に学識経験者4人で構成する市民自治制度検討委員会を立ち上げました。石原信雄地方自治研究開発機構理事長に全体をまとめる委員長に就任してもらい、分野別では自治基本条例分野で辻山幸宣地方自治総合研究所主任研究員、区行政改革分野で辻琢也政策研究大学院大学教授、住民投票分野で寄本勝美早稲田大学教授に委員をお願いし、それぞれに分野ごとの研究委員会の委員長に就任してもらいました。また、これらの委員会とは別に検討会を設けてパブリックコメント条例の検討および市民と行政の協働型事業のルール策定の検討を進めましたが、提案書や報告書の完成には時間差が生じましたので、それらの完成を待って順次具体的に制度化していきました。

その結果、「市民本位のまちづくり」の基本を定めた川崎市自治基本条例の施行は05年4月、区民会議条例は06年4月、パブリックコメント条例は07年4月、市民と行政の協働型事業のルール策定は08年2月、常設型の住民投票条例は09年4月になりました。市長1期目の終わりから2期目にかけて毎年たて続けに「市民本位のまちづくり」のシステムを導入していったことになります。

川崎市自治基本条例の制定

03年10月に自治基本条例検討委員会を発足させました。辻山幸宣委員長はじめ学識経験者4人（辻山氏のほか小島聡法政大学助教授、金井利之東京大学助教授、村上順神奈川大学教授）と公募市民30人から成る委員会でした。

実を言うと、私が市長に就任した01年度から自治基本条例についての論点整理等の作業がすでに進められており、03年3月にはその検討経過を報告する「かわさき版自治基本条例フォーラム」が開催され、8〜9月にかけて関心ある市民を対象とする「自治基本条例を考えるミニフォーラム」が市内2カ所で開催されました。これらは市民グループの自主性のかなり強い取り組みで、この流れを受けた形で自治基本条例検討委員会を立ち上げたわけです。「市民が学識者と協働しながら自らの力で策定する」「市民の、市民による」自治基本条例ということは前からの流れでしたが、そのようになることは私にとって願ってもないことでしたから、この流れをそのまま延長して条例の検討を進めました。

自治基本条例は地方分権の時代における市民と行政の関係や市政運営の基本原則を明らかにするものとして検討されましたが、それはいわば自治体の憲法を定めるということでもあり、またそのような考え方のもとに条例案をまとめました。その前文は次のように書かれています。

（前文）（冒頭部分省略）

今、成長と拡大を基調としてきた社会の仕組みや制度の再構築が求められ、少子高齢社会への対応や地球環境への配慮が求められる中で、改めて暮らしやすい地域社会とは何か、自治とは何か、市民と自治体の関係や自治体と国の関係はどうあるべきかが問われています。

　私たち市民は、私たち自身が、このような地域社会の抱える課題を解決する主体であることを改めて確認するとともに、信託した市政が、私たちの意思を反映して行われるよう、その運営に主体的に参加し、また、国や神奈川県と対等な立場で相互協力の関係に立って、自律的運営を図り、自治体としての自立を確保する必要があります。

　こうした市民自治の基本理念を確認し、情報共有、参加及び協働を自治運営の基本原則として、行政運営、区の在り方、自治に関する制度等の基本を定め、市民自治を確立するため、ここに川崎市自治基本条例を制定します。

　そして、私たち市民は、人類共通の願いである恒久平和と持続可能な社会が広く世界に築かれることを希求し、川崎市民としての誇りを持ち、一人ひとりの人権が尊重される「活力とうるおいのある市民都市・川崎」の創造を目指します。


34条で構成するこの条例は、本市の自治の基本を定める最高規範（第2条）と位置づけました。いわば市の憲法としましたので、日本国憲法や地方自治法などにすでに規定されている議会や市長等の設置、その権限や責務、あるいは市民の経費分担の責務なども体系的に規定（法令違反にならないように）しました。

　川崎市における自治運営の基本原則（第5条）としては、市政に関する「情報共有の原則」、市民の参加の下で市政が行われる「参加の原則」、暮らしやすい地域社会の実現に寄与するよう協働を行う「協働の原則」の3つを掲げました。

市民が主役となって協働しながら市政を運営することとし、市民が行政に参加し、そのためにも行政の情報を市民が共有するということを原則にするという宣言です。

その市民とは(第3条)、本市の区域内に住所を有する人、本市の区域内で働き、もしくは学ぶ人または本市の区域内において事業活動を行う人もしくは団体であると定義しました。要は川崎市のまちづくりに積極的に関わる関係者を広く含めることによって、総力戦でまちづくりを進めようとしたわけです。法令に違反するような新たな権限を市民に付与する条例ではありませんので、市民の範囲を地方自治法で言う住民の枠を超えて広げたわけです。外国籍住民も含まれますが、このことについては特に住民投票制度に関して異論が出されています。市民参加の重要な要素として住民投票制度を導入(第31条)することとしていますが、公権力の行使や公の意思決定について市長や議会に間接的にしか影響しない住民投票制度としていますので、外国籍住民にも投票権を認めることにしました。

条例には、区役所への分権(第19条、第20条)と区民会議の設置(第22条)も定めました。市域を適正な区域に分けて仕事を分担する区は、身近な行政サービスを効率的、効果的に提供すること、しかもそれを総合的に提供すること、区における課題を的確に把握し、参加および協働により、その迅速な解決に努めること、区における市民活動を尊重した上で、その活動に対する支援に努めることをその役割とすると定めました。行政サービスを総合的に行い、区における課題を迅速に解決するためには、それなりの権限と独自の予算が必要です。その根拠を条例に定めたわけです。

区民会議は、区民（その区の区域内に住所を有する人、その区の区域内で働き、もしくは学ぶ人またはその区の区域内において事業活動を行う人もしくは団体）によって構成し、参加および協働による区における課題の解決を目的として調査審議する会議としました。本当のところ私は、協働事業の実践機関にしたかったのですが、法令の制約により市長の諮問機関ということにせざるを得ませんでした。

これらのほかこの条例には、パブリックコメント制度（第30条）、住民投票制度（後述）、市民との協働推進（第32条）についても根拠となる規定を定めました。

また、自治基本条例に基づく「市民本位のまちづくり」をフォローするために、市民および学識経験者を委員とする審議会等を設ける（第33条）こととしました。そして実際にこの規定に基づいて川崎市自治推進委員会を設置して、その後の自治運営の基本原則に基づく制度等のあり方について調査審議しました。私自身もこの委員会には毎回出席しました。

区役所分権と区民会議の設置

人口124万人（当時）の川崎市は7つの区で市民サービスを行ってきましたが、区の人口は15～21万（当時）でそれぞれが都市としてもかなり大きな規模になっています。そこにおいて住民自治を強化し市民本位のまちづくりを行うためには、区長の権限や機能を強化するとともに、区役所を市民活動の拠点にすることが必要だと考えました。

区役所改革を市の行財政改革プランの中にきちんと位置づけ、折しも検討中だった自治基本条例においてもその考え方を明確に示すことにしました。区役所はもともと地域での行政サービスの提供拠点でしたが、本庁の権限が強く、市民館や図書館、保健所、建設センターなどは本庁直轄の組織として縦割りで運営されてきました。区役所とそれらの縦割りの組織がバラバラに市民サービスを行ってきましたが、区の規模と同じくらいの一般の市の場合には、いわば区役所が本庁であってその単位で一元的に扱われています。行政サービスを受ける市民の側から見れば、政令市の本庁は大奥のように遠く見えるはずですから、身近な区の単位でもっと市民の側に立った連携や調整があってもいいのではないかと考えました。

区役所改革は、区民の側から見た望ましい区行政のあり方を検討し実行するという視点に立って進めました。区長をトップとする区に本庁から大胆に分権するとともに、本庁直轄だった組織も区長の所管に移し、あるいは区長に調整権限を持たせるなどして、区民の苦情や要望が区単位で処理されるような姿を想定しました。また同時に、区民自らが問題提起をし、その問題を区役所と協働して解決したり、区民同士の助け合いによって自主的なまちづくりを行うということを推奨し、その活動の拠点機能を区役所に持たせるということも想定しました。区民が苦情や意見を言うだけでなく、自らの行動によって問題を解決していくという本来の市民自治を実現する拠点として区役所が機能することを構想したわけです。

保健所を含む医療福祉関係は「保健福祉センター」として区行政に位置づけ、子育て支援も区単位で強化し、保育所も区行政の中に位置づけることにしました。教育委員会の権限とされる縦割りの図書館や市民館、小中学校については、区役所に教育担当を設置して区行政の中で全体を調整できるような仕組みにしました。道路の維持管理を所管する建設センターについては、区内の市営公園の維持管理機能も併せ持たせて「道路公園センター」として区長の管理下に置きました。このようにして区内の諸行政を区長をトップとする区役所において一元的に処理できるような体制を作りました。そしてこれらを執行するための予算については、区長が要求する予算と本庁の組織が要求して区に移管する予算とを併せて区長が所管するようにしました。

他方、前から区役所にあった組織で他に移管したものもあります。それは税務と水道です。これらについては、行財政改革により各区単位にあった組織を廃止し、市内3〜4カ所に集約しました。税務については、国の税務署が市内3カ所なのでそれに合わせて統合しました。水道についても従来のように区ごとに担当組織を置く必要はないと判断して統合しました。

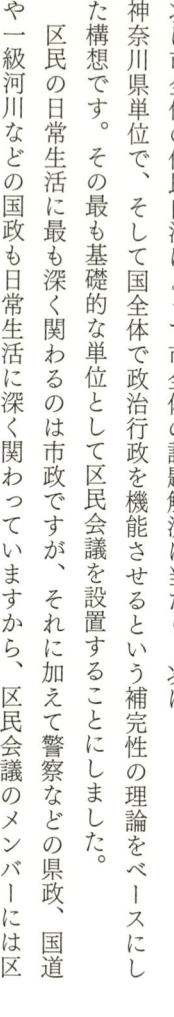

このようにして区役所の権限強化を中心とする改革を進めましたが、同時に区民の参加と協働について新しいシステムを導入することを検討しました。そしてまず区単位で市民の意見を行政に反映するためには議会のような機関が必要だと考えました。しかし議会のように行政に意見を言うだけで実行は行政に任せるというのでは、任せられた行政が肥大化するだけで行政改革にはつながりません。そこで新しく導入するシステムについては、区内の諸課題について問題提起をし、自らその解決策を提案するような会議を想定しましたので、議会というよりむしろ理事会に近いものになりました。区役所と一緒になって区民が課題解決に取り組む機関を設置することにより、まずは区単位で住民自治を実現し、次に市全体の住民自治によって市全体の課題解決に当たり、次に神奈川県単位で、そして国全体で政治行政を機能させるという補完性の理論をベースにした構想です。その最も基礎的な単位として区民会議を設置することにしました。

区民会議のスタート（06年7月）

区民の日常生活に最も深く関わるのは市政ですが、それに加えて警察などの県政、国道や一級河川などの国政も日常生活に深く関わっていますから、区民会議のメンバーには区民代表だけでなく市議会議員、県議会議員、国会議員まで加わってもらいたいと考えました。しかし現実には制度の制約あるいは本人たちの活動範囲や意識などの制約があり、議員については市議会議員と県議会議員に限定的にオブザーバーとして加わってもらう程度にとどめることになりました。

区民会議は条例で設置することにしましたが、その市政における位置づけは、議会というよりも市長の諮問機関という形式にせざるを得ませんでした。私の構想とは大きく異なりましたが、地方自治法による制約ですから仕方なく、形の上では市長の諮問機関としつつ実際の運用で私の考えを実現するように工夫することにしました。

委員（議員でなく）の定数は20名で、区長が選任し、任期は2年としました。委員に期待したことは、提案事項や決定事項を自らのグループに持って帰り、率先して自ら実行に移すということでした。苦情や意見を行政にぶつけるだけでなく、市民の運動として問題解決に当たるということを区民会議に期待したわけです。したがって、一定数の公募委員を別にして多くの委員は区内の活動団体を代表するような人たちの中から選任されることになりました。

このような選任に対しては、住民参加論を展開する人たちからは批判の声が出されました。また公募委員からの当初の会議での発言には、苦情や意見を述べてあとは行政による対応を期待するというものが多くありました。そういう場に自分で直接立ち会ってみて強く感じたことは従来からの住民参加論の限界というものでした。住民が文句を言って行政にやってもらうというパターンは、税収が伸びて公務員を増やすことが簡単だった時代の名残りです。来たるべき縮小均衡の時代には、発言に行動が伴った住民参加が望まれます。私はそういう区民会議を期待したのです。

しかし、条例で設置した区民会議は地方自治制度上は市長の諮問機関ですから、その役割として行動までは規定できず、「調査」「審議」と規定せざるを得ず、私としては大いに欲求不満が残ってしまいました。

そしてさらに委員の選挙もありませんから、区民への広報、宣伝も行き届かず、多くの区民に知られることもなく運営を進めざるを得ませんでした。市長選挙の投票率が35％程度の大都市では、区に対する区民の関心を高めることは難しく、行動をもって参加してもらうことまで期待するのは極めて難しいことだと痛感しないわけにはいきませんでした。

しかし他方、高齢化が進み、税収の増加が見込めない次の時代には、市民が行動をもって参加する住民自治が充実する都市が優れた都市と評価されるようになると思います。シェア経済とかシェア社会と言われるものもこれに深く関係していると思います。

ちなみに川崎市の区民会議は、放置自転車対策や観光振興、環境美化、交通安全、安心見回りなどでかなりの実績をあげてきているように思います。町内会・自治会や社会福祉協議会、老人クラブ、文化協会、スポーツ関係団体、消防、交通安全、防犯関係団体、各種ボランティア団体などが地域単位で活躍していますが、これら市民生活に深く根ざした諸団体の活動が区民会議という形でまとまり、住民自治として統合されるならば、次に来る縮小均衡の時代に大きな意味を持つことになると思います。

常設型の住民投票制度の導入

地方自治の本旨は住民自治と団体自治にあるとされていますが、しかし川崎市のような大都市では市政と市民との間には大きな距離があり、市民には自ら主体的に市政に参画しているという実感はありません。私は川崎市長として住民自治を市民が実感できるような市民本位のまちづくりを進めたいと考えました。

市民は市長と市議会議員を選挙で選ぶことにより、間接民主制によって市政を支えます。それに加えて、条例の制定や改廃、あるいは市長等の解職を直接請求することができ、その請求の可否を住民投票で直接決めるという直接民主制の主役にもなれます。いわゆるイニシアチブ（住民提案）、リコール（解職請求）、レファレンダム（住民投票）という直接民主制であり、その仕組みが地方自治法によって限定的ながら導入されています。しかし制約が多いので、市政の重要事項や世論が大きく対立するような案件について時宜に応じて市民の意見を聞くシステムとしては便利ではありません。多くの場合、4年に1度の選挙で選ばれた市長と議会がほとんどのことを決定してしまい、市民はすべてそれにお任せというのが実態です。変化のテンポが速いこの時代に4年間のお任せは長いし、選挙で選ばれる議員の男女比、年齢構成、職業構成などは市民の構成比率を反映していないし、実際には間接民主制によって市民を代表しているとは言えないのではないかと思いました。

こういった間接民主制の不十分な点を補完し、重要事項や対立案件について市民意見を確認する制度が必要ではないかと考えて住民投票制度を導入することにしました。市長選挙の低い投票率に見られるような市民の低い関心も、住民投票を実施することによって高められるのではないかと考えました。

かつて全国的に話題になった住民投票には、新潟県巻町の原子力発電所の可否を求めたものや徳島県の吉野川河口堰の可否を求めたものなどがありましたが、これらは住民運動による請求によって住民投票条例が制定され、その案件に限って投票が行われたものでした。それに対し川崎市の場合は、市政を市民に近づけ、市民が市政に参加しやすくするというものでしたから、常設型の住民投票条例とし、必要があればいつでも実施できるようにするというものでした。

常設型の住民投票制度は米国に例があります。選挙が行われるたびに話題の案件に対する賛否を有権者が投票します。私自身オイルショックの頃にサンフランシスコで総領事館に勤務していて直接それを見てきました。その後も、納税者の反乱として有名になったプロポジション13などの例がカリフォルニア州にありました。

常設型で全市的な選挙の際に同時に住民投票を行うことにしましたが、そのメリットは経費が安く済むことです。単独の場合は約4億円で選挙に便乗すると約5000万円と試算されました。カリフォルニアは便乗型でした。しかし一方、問題点も少なくありません。それは選挙との重複関係です。公職選挙法に違反しないように投票勧誘などを行わなければなりません。違反があった場合は選挙違反として扱われることになり、関係も複雑になります。特に問題になるのは、市民が住民投票を提案するために行う署名集めです。かといって市民からの提案を認めないとすることは地方自治法上の直接請求制度の趣旨にも反し不可能です。署名集めの時期、期間、方法などを選挙違反にならないように設定する必要があり、これを条例として制度化しなければなりませんでした。そのため案の企画段階において大変な苦労を重ねることになりました。

発議する権利については、投票資格者の10分の1以上の署名をもって市民が市長に提案した場合、議会が12分の1以上の議員数で出した議案を議決した場合、そして市長が決定した場合の3つのケースとしました。議会は自ら発議する場合を除き、3分の2以上の多数をもって住民投票を実施しないことを決定できることとしました。議会は間接民主制による市民の代表者ですから、市政の重要案件について住民投票に頼ることなく、自らの責任で決定することができるという道を開き、これによって直接民主制と間接民主制との調和を図ることにしました。見方を変えれば、市民からの発議も市長からの発議も議会で3分の1の賛成を得れば住民投票にかけられるということです。

投票資格者は、18歳以上の住民と一定の要件を満たす外国籍住民としました。18歳以上については、公職選挙法においても投票資格者に加えられることになりましたから特に問題はありませんが、外国籍住民については根強い反対意見も見られます。公権力の行使や公の意思決定に外国籍者を参画させるべきではないとする国の現行制度の考え方がありま す。また仮に参画を認めるとしても相手国との相互主義でという考え方は納得できるものであり、このことは国と国との関係では特に重視されるべきでしょう。しかし、地方自治の現場には国家的な権力はあまりなく、あったとしても地域限定でしか行使されませんから、自治行政の政策について、そこの住民である外国籍者が投票に参加し、多数の市民の一部として意思を表明したとしても国家の存立そのものに対して大きな影響を及ぼすことはないと思います。まして住民投票の結果は市長や議会が尊重すべきものではあっても決定的なものではありません。外国が本気で影響を及ぼすつもりならば、日本国籍を取ってやるとか他の方法はいくらでもあると思いますから、見え見えの外国籍者の投票を利用するとは考えにくいでしょう。それよりもむしろ、市民として納税し、民法や刑法を守って日常生活を送っている善良な外国籍住民の考えをまちづくりに取り入れることの方が得策ではないかと思います。

市民と行政の協働型事業の推進

川崎市自治基本条例においては市民自治の基本原則として「情報共有」「参加」「協働」の3つを掲げましたが、これは市民が行政のパートナーとしてまちづくりに参画するための必須条件です。もともと市民はまちづくりの主役であり、自助に始まり、共助によって様々な力を結集し、最終的には公助によってまちづくりを完成させるというのが市民本位のまちづくりです。公助は、市民が税を負担し、その税で行政が公務員を採用し、公務員が市民に代わって仕事を行うというものです。戦後の経済発展に伴って公助の部分がどんどん大きくなりました。市民が行政に要望したり陳情したりすれば公務員がその需要を満たしてくれるという時代が長く続きました。そのせいか市民が自らやるべきまちづくりの分野がどんどん少なくなりました。1970年代には都市部におけるコミュニティの崩壊が問題になりましたが、この問題は後々まで続いています。現在では町内会や自治会のあり方の問題へとつながっています。

平成の時代になって経済成長が止まり、少子高齢化が顕著になってくると、公助依存は財政面から頭打ちになってきました。一方では行政への反対や要望ばかりの市民運動にも反省の傾向が見られ、まちづくりを実行するタイプの市民運動（活動）が増えてきました。特に環境保全や福祉などの分野で増えたように思います。ボランティア活動の発展には目を見張るものが多く、95年に発生した阪神淡路大震災の際には誰もが驚くほどそれが顕著になりました。私自身も川崎市内の河川や用水の環境保全などを行うボランティア活動に参加しました。

宮前区と高津区を流れて多摩川に注ぐ平瀬川の上流部の「平瀬川流域まちづくり協議会」の「とんもり（飛森）谷戸を守る会」に参加しました。川崎市内全域を潤してきた二ヶ領用水の取水口のある多摩区宿河原の用水と桜並木を保全する運動にも参加しました。この2つの活動は後に国土交通大臣表彰や総理大臣表彰を受けています。中原区の多摩川土手に桜を植える会にも参加しました。

このように最近では、共助と公助の中間に位置する市民運動が増えています。それは行政と協力しながらそれぞれの持ち分を全うするパートナーシップであり、まさに「協働」です。行政に金がなくなってきたから市民が代わりをやるというのではなく、もともと行政では為し得なかった木目の細かいまちづくりや地域の突出した好みを実施するまちづくりなどを市民が担うというものです。行政がやるべき部分については公務員が直接に、あるいは市民団体に委託費を払って実現するということになります。

2005年4月に制定した自治基本条例に「協働」を市政の原則として位置づけ、新総合計画では9つの重点戦略プランのひとつに「協働のまちづくり」を位置づけました。このように「協働」を市政の重点事項として位置づけましたが、それを現実に実行していくためには協働の意味や考え方、行動のための指針などを明確にする必要がありました。そこで有識者と市民で構成する「川崎市協働のルール検討委員会」を設置して検討を進めてもらい、07年1月に「川崎市協働型事業のルール策定に関する報告書」をまとめてもらいました。この報告書を基に08年2月に「川崎市協働型事業のルール」（基本的な考え方と手順）を策定して実行に移しました。

「協働型事業」としたのは、協働事業あるいは単に協働と言うと定義が難しく、一般的な使い方も一定していないので、川崎市の取り組みを定義するために「型」を加えたものです。自治基本条例では協働を「市民及び市が、共通の目的を実現するために、それぞれの役割と責任の下で、相互の立場を尊重し、対等な関係に立って協力すること」と定義しています。そして協働型事業のルールでは、協働に求められる原則を①目的の共有、②対等の関係、③相互理解、④役割分担と責任範囲の確認、⑤公開性・透明性、⑥成果の振返りの6つと定め、この6つの原則を踏まえて実施するものを協働型事業としています。

協働の重要性を私は常々訴えてきました。学者時代の講演でも市長としての訓辞でも、協働する公務員は給料をもらって参画し、市民グループは逆にお金を払って参画しているわけだから、その違いを十分に認識していないと失敗すると言ってきました。同じ目的で参画するにしてもそれだけの違いがあることを理解し、互いの利点をうまく活かすことが成功の秘訣でしょう。

川崎市の協働型事業の例としては川崎フロンターレとの連携事業があります。04年8月にホームタウンスポーツ推進パートナー制度を開始し、第1号のパートナーとして川崎フロンターレを認定しました。その年フロンターレはJ2優勝を果たし、J1に昇格しました。前年には川崎市が100万円を出資して市民の資本参加を呼びかけ、社名から大株主の富士通の名前を消して市民球団「株式会社川崎フロンターレ」としました。08年2月にルール化された協働型事業のモデルとなるような事業を川崎フロンターレとの連携では04年8月にすでに開始していました。

市は川崎フロンターレの応援や様々な活動への支援を行い、川崎フロンターレはJリーグでの活躍を通じて市のブランド力向上に貢献し、市民の誇りや連帯感を醸成します。行政の役割としては、チラシ、ポスター等による広報、競技場その他の活動場所の確保、関係機関等との調整などを担い、川崎フロンターレは、イベントの企画、運営、川崎フロンターレの広報媒体を活用したPR、市や市民の行事などへの選手やマスコットなどの参加といった役割を担ってきました。

川崎フロンターレの地域貢献はJリーグの中でも突出しており、毎年高く評価されてきました。試合の開始前に市制60周年の記念の歌「好きです かわさき 愛の街」をスタンドで合唱するのもその一部です。選手の手作りの算数ドリルを小学校に持ち込んで選手たちが小学生に教えるということまでしています。

ホームタウンスポーツ推進パートナー制度はその後「スポーツパートナー制度」と名称変更されましたが、バレーボール、バスケットボール、野球、アメリカンフットボールなどの社会人の強豪チームと川崎市との間の協働型事業の推進に大きく貢献しています。

第7章

グッドサイクルと施策のタイミング

武蔵小杉の新駅と人気のまちづくり

少ない公的投資で大きな成果をあげるグッドサイクルの手法は、行財政改革を断行する私にとっては究極の節約方法でした。予めシナリオを考え、最初の公的投資によって次の民間投資を誘発し、それがテコになってさらに大きな結果をもたらすように仕組み、結果的に最少の経費で最大の効果を生むようにするというのがグッドサイクルです。

私が市長に就任した当時、武蔵小杉地区の工場跡地を中心とする再開発事業は始まっており、すでに高層マンションが2〜3本建っていました。しかしまだまだ空き地が目立ち、旧市街地を含んだ再開発事業の計画は目白押しでした。他方においては、古くから新幹線の駅をそこに誘致しようという動きもありました。

新幹線の駅は、武蔵小杉から横須賀線で10分ぐらいの品川駅に設置されました。10分と言っても武蔵小杉には横須賀線の駅はありませんでしたから、当時はまだ南武線の鹿島田駅から歩いて数分の新川崎駅で横須賀線に乗り換えるか、川崎駅まで行って東海道線か京浜東北線あるいは京浜急行線に乗り換えて品川駅まで出るしかありませんでした。そこで考えたのが武蔵小杉に横須賀線の新駅を設置するということでした。

新幹線の駅は品川にできたので小杉地区への設置は無理でしたが、横須賀線の新駅を設置して品川とつなげばとても便利になります。小杉地区では再開発事業計画が相次ぎ、人口の急増も予測されていました。東京にも横浜にも近く交通アクセスは抜群ですから、武蔵小杉の発展は目に見えるようでした。将来の人口減少時代に求められる都市のコンパクト化も実現するのではないかと考えました。

この地区では土地の有効活用のために、建て替えた消防署の上層部分をホテルにして民間に貸すというプロジェクトも実施してきました。一部の政党から猛反対を受けましたが、公募で決定したホテルは近くの大手企業の研究所関係者など多くの人々に利用され、一躍人気ホテルになりました。

横須賀線の新駅の設置場所としては、消防署とホテルの合築ビルのすぐ近くで南武線と交差する場所が最適地でした。私は正式に新駅の設置をＪＲ東日本に要請することにしました。提案者でもある斉藤力良秘書課長を伴ってＪＲ東日本の大塚陸毅社長を新宿の本社に訪ね、横須賀線の武蔵小杉新駅の設置を要請しました。ＪＲ東日本の決断は意外なほど速く、新駅建設は順調に進みました。

請願駅ですから市費負担が大きくなります。そのかなりの部分を計画中のマンションの建設事業者からの寄附で賄うことを考えました。マンションが完成してからでは寄附は求めにくくなります。マンションの完成前に新駅の計画が決定していれば寄附は求めやすくなります。そんな目算からＪＲ東日本への要請を急ぎました。03年8月のことでした。

当時武蔵小杉地区では工場跡地や既存の低層市街地の再開発事業が次々と計画され、近いうちに10本ほどのマンションが建設され、人口も2万人以上増えることが予想されていました。そこで新駅の設置を計画し、マンションが販売される前に寄附を求めて新駅の財源を生み出すことにしたわけです。市としては周辺整備が財政的にやりやすくなり、入居者にとってはマンションの価値が上がります。そして地区全体の人気が上がり、次々と良い結果が自動的に生まれてきます。これがまさに私が力を入れてきたグッドサイクルです。市の投資が民間の投資を誘発し、最少の公共投資で最大のまちづくりの効果が生まれてくるという手法です。民間の開発事業者にとっては当たり前の

横須賀線の武蔵小杉駅が開業（10年3月）

手法でもあります。

ＪＲ東日本の対応が速かったのは、このグッドサイクルのプロジェクトが理にかなっていたからでしょう。私は職員たちに「科学的行政」ということを強く言ってきました。予め目標を設定し、それを実現するためのシナリオを書き、適切な手段を選択するわけですが、最終的なビジョンと実現のための手段が理にかなっていれば事業は順調に進みます。しかし世の中には落とし所となるビジョンがはっきりせず、途中の過程で大騒ぎすることでマスコミの人気を博し、結果はうやむやになってしまうような例も少なくありません。どんなにマスコミの人気になっても結論が混乱するような例はバッドサイクルの典型です。

さて武蔵小杉はグッドサイクルによって発展し人気のまちになりました。しかし人気が大きくなりすぎて次の問題が出てきました。人口の増加に対応するインフラが不十分であることが明確になってきました。小学校の新設は計画済みでしたが、保育所の不足や新駅への朝の通勤者の長い行列が問題になってきました。中学校は私立への分散のため問題にならず、上下水道も容量は十分でしたが、人気スポットが市内に出現することを想定してこなかったまちづくりのツケがまわってきたようです。川崎市は人が集まってくるまちへのパラダイムシフトを考える必要があります。同時に来たるべき高齢化、人口減少時代への対応もしなければなりません。これを「科学的行政」で実現する必要があります。

「ラゾーナ」のネーミングと集客力

東芝は、川崎駅西口の旧堀川町工場跡地を再開発することにしました。大型のショッピングセンターにするというのです。駅直結の一等地ですから間違いなくショッピングセンターとしては最適地です。

再開発事業には行政の手続きがいろいろと必要になりますので、東芝の担当役員が市に説明に来ました。市長の私にも挨拶に来ましたが、その役員は何と私が学生時代に所属していた法律相談所というクラブの先輩で、サンフランシスコ勤務では私と同時期に通産省から出向していた小川邦夫氏の後任の清川祐二氏でした。氏は通産省を退官し、東芝で西室泰三会長を補佐する役員をしているとのことでした。

ショッピングセンターとして再開発する手続きや周辺道路の再整備への東芝からの寄附などについては事務的に担当者同士で進めることとし、私はどんなコンセプトでどんなデザインにするかなどについて清川氏と話し合いました。川崎駅の東口にはイタリア風の丘の街をイメージしたチネチッタのラ・チッタデッラができ、西口の東芝の隣りにはクラシック音楽のミューザ川崎シンフォニーホールができていました。このように時計回りに新しいまちづくりが進んでいる流れの中での駅西口正面の大型再開発ですから、私は清川氏にこの流れに沿うような川崎らしい再開発にして欲しいということを要請しました。

工業都市川崎市は労働者が集うまちでもありますから、あまり気どらない明るい場所にするのがいいと思っていました。ラ・チッタデッラがイタリア風でラテン系であり、そして気どらずに楽しめるクラシックのコンサートホールが近くにあり、それに続く労働者が楽しめる明るく軽い乗りのショッピングセンターとなると、そのデザインはラテン系かなと私は思いました。そのことを私は清川氏をはじめ関係者に強く話しました。

そして東芝から示された新しいショッピングセンターのデザインは、スペイン人の設計による地中海沿岸風の明るくゆったりとしたものでした。川崎駅から直結する2階には闘牛場を思わせる半円形の大きな広場が配置されていました。私はそれを見て、これはラテン系で川崎に合うと直感しました。案の定その直感は当たり、広場は芸能人がここに出演すれば自分の人気度が分かるような場所になり、ショッピングセンターは来客数で日本のトップを走り続けるような人気スポットになりました。

ショッピングセンターの経営母体はららぽーとでしたので、センターの名称も「ららぽーと」にするという話が伝わってきました。しかしそれでは船橋市のイメージが強すぎて東京と横浜の真ん中の最高の場所の川崎駅前には相応しくないと思いましたので、「ららぽーと」で頭打ちになることなく青天井になるような新しい名称にして欲しいと私は東芝に要請しました。最終的には「ラゾーナ(絆)」というラテン系っぽい全く新しい名称になったので私もほっとしました。

普通は3〜4年で客足がストンと落ちるのに、ラゾーナの人気は長く続いています。コンセプトも名称もこれで良かったのかなと思いました。私の口きき、おせっかいがどれだけ影響を及ぼしたかは確認していませんが、私はラゾーナが人気のショッピングセンターになったことに満足しています。

清川氏の前任者として私と同じ時期にサンフランシスコの日本国総領事館に勤務していた小川邦夫氏、そのまた前任者の鈴木玄八郎氏はともに麻生区に住む川崎市民で、市内のコンサートの会場などで時々会うことがありました。私の前任者の自治省の永田尚久氏も私の後任者の林省吾氏も市内宮前区に住む川崎市民です。永田氏は早世しましたがご家族が市内に住んでいます。林氏は消防庁長官を経て総務事務次官を務めました。偶然の取り合わせでしょうが、それにしてもなお不思議なご縁を感じます。

ラゾーナ（フルネームは「ラゾーナ川崎プラザ」）のオープンは06年9月のことでした。ラゾーナの人気は長く続き、川崎市内の小売りの売上高はラゾーナによって一挙に上がりました。300店舗ほどの駅前のショッピングセンターですが、市内の総売上高の1割近くを稼いでいます。それだけ市外からの集客が多いということです。低額消費は市内で高額消費は

川崎駅西口の東芝工場跡地に誕生した「ラゾーナ」

市外でという川崎市のそれまでの流れを逆転させる売上げです。

川崎市内の人口当たりの小売りの売上高は全国の政令市の中で最も低くなっていました。市長就任早々からBUYかわさきキャンペーンなどもやってきましたが、その後もやっぱり高額消費は東京や横浜へ逃げて行っています。市内に大きな高級ホテルがないことも問題になっています。

ラゾーナが成功した理由は、川崎駅前という便利な場所を活かして東京や横浜からの集客をターゲットにしていることだと思います。

ファーマーズマーケット「セレサモス」

市長就任早々から行財政改革を断行してきましたが、新しい事業を企画する際には常に費用対効果を最大限にするよう考えてきました。グッドサイクルすなわち最初の公的投資が民間の投資を誘発し、それが玉突きになって大きな事業に結実するという流れをつくる行政を実行してきました。武蔵小杉では新駅誘致から始めたり、新百合ヶ丘では芸術のまちのPRから始めたのがその例です。

そしてそのほかにも行政の費用をあまりかけないで進めた効果的な事業がいくつかあります。その例は麻生区黒川のセレサモスという大型農産物直売所です。市長という立場で言ってきた言葉だけでのサービスですから「口きき行政」とでも言うべきでしょうが、それではイメージが悪いので「おせっかい行政」と言っておきます。

私はもともと福島の田舎の農家の出身です。農業にはずっと関心を持ってきました。自治省に就職する前に農林省の採用内定ももらいましたし、川崎市長に就任してからも市内の都市農業のことが常に気になっていました。環境庁の課長時代には著書の中で「娯安新高福（ごあんしんこうふく）農業」というのを提唱したこともありました。「娯」は観光や生きがいなどのための娯楽農業、「安」は安全安心を特色とする農業、「新」は新鮮を特色とする農業、「高」は高生産性の農業、そして「福」は福祉施策と結びついた農業です。

安く大量にというだけでなく、安全や新鮮ということで差別化したり、農業の社会的価値を別の面から評価するなどして豊かな時代の人々の需要に応えることが重要で、そういうことをする農業は生き残れるという提案です。「安」は農産物の安全だけでなく国土保全の安全もあるわけです。

川崎市内の農業については安全と新鮮ということで市民にサービスしてもらいたいと思い、ＪＡセレサ川崎の小泉一郎組合長にファーマーズマーケットの新設を提案したことがありました。要は大型農産物直売所です。市内のあちこちに農家さんの小さな直売所はたくさんありましたが、スーパーマーケットには市内産の農産物はほとんど出ていないし、近くにある大きな需要と供給とが直結していないことを大変残念に思っていました。

１９７０年代の初期にサンフランシスコに住んでいた頃、郊外ではよくファーマーズマーケットを見かけました。日本でも最近、道の駅という形の農産物の直売所をよく見かけます。近くのスーパーマーケットでも農産物は売っていますが、直売所のそれとは鮮度が違います。農産物は遠くに運べば鮮度が落ちますが、コストがかかるので価格は上がります。生産地の近くでこそ新鮮で安い品物が買えます。ですから、ファーマーズマーケットや道の駅は理にかなっているわけです。

川崎でもファーマーズマーケットを作るべきだと私は小泉組合長はじめ農協の関係者に話しました。農家が継続的にそこに出荷できるだろうか、マーケットの経営はうまくいくだろうかなど課題は少なくなかったと思います。私の言ったことがどれだけ効果があったか分かりません。即座の決定とはなりませんでしたが、検討を重ねた結果、「セレサモス」という名のファーマーズマーケットをＪＡセレサ川崎が設置することになりました。場所は生産者の多い麻生区黒川という東京都稲城市、多摩市、町田市に近い農業振興地域内でした。

２００８年4月にオープンしたセレサモスはたちまち大人気となり、東京からも客が続々とやってきました。細長い川崎市の北

08年4月のオープン以来人気を博している
ファーマーズマーケット「セレサモス」

端ですから川崎市民にとってはやや不便でしたが、やがて南部の川崎市民も買いにやってくるようになりました。消費者の側が労をいとわず新鮮な農産物を買いにやってきました。JAは、セレサモスの成功を確認したうえでさらに1カ所、市の中心地域にもファーマーズマーケットを設置することを決定し、実行しました。それだけ都市住民の間には農産物の直売所のニーズがあったわけです。

ちなみに川崎市は多摩川梨という甘い梨の名産地で、全国に宅配で販売していますし、長十郎の発祥の地でもあります。古くは桃、いちじく、禅寺丸という小さい甘柿の産地で、最近では宮前メロンというのもあります。JAセレサ川崎の小泉組合長は根の短い人参の開発者で、「小泉冬越五寸」と呼ばれる小泉氏が開発した栽培しやすい人参は全国に広がりました。

セレサモスが成功した理由は、都市住民の新鮮で安全な農産物へのニーズに応えたことにありますが、その都市住民には川崎市民だけでなく東京都民も含まれます。東京都民が川崎市に買物にやって来るからセレサモスは成功したのだと思います。

川崎からスタートしたクールビズ

毎年5月の連休が近づくと急に暑さが増してきます。そして役所では5月1日からクールビズが始まり、官庁街ではノーネクタイ姿が目立ってきます。このクールビズは小泉内閣の環境大臣小池百合子氏が05年に開始したものです。小池氏の功績はクールビズという名称と行動を定着させたことにあります。しかし夏場の軽装運動そのものはその10年前の羽田内閣ですでに行われており、当時は省エネルックと言っていました。

クールビズは、夏場の暑い時期に冷房温度をあまり下げず室内温度を28度ぐらいに調整し、軽装で執務することによって省エネ・低CO_2を図り、地球温暖化の防止に役立てようとするものです。16年夏の東京都知事選挙の際にはクールビズの創始者であることが小池氏の売り物になっていました。

実はこのクールビズについては、小池氏が始めるに当たってその前段となる話がありました。あるテレビ番組で小池氏のクールビズが話題になった際に、出演していた元横浜市長の中田宏氏が、実はクールビズは横浜市で先に実施したのが小池氏に伝わったのだと発言していました。小池氏と中田氏はともに日本新党から同時期に国会議員となった仲間ですから、それは大いにあり得ると思います。

03年の夏には、横浜の大桟橋の上で横浜市長の中田氏、神奈川県知事の松沢成文氏と川崎市長の私と3人でノー ネクタイ、ノー上着の軽装執務キャンペーンを大々的に実施しました。その1年前の02年の夏には、横浜市と川崎市とがそれぞれ夏場の軽装運動を開始しており、これを神奈川県まで広げて03年夏のイベントにつなげたわけです。

私が川崎市長になった翌年の02年、環境対策を特に重視していた私は、1994年の夏に羽田総理がノーネクタイの半袖姿でテレビに出ていたことを思い出し、夏場には自分もそれでいこうと考えていました。環境庁勤務時代から環境行政の重要性を認識していましたし、公害の傷跡を強く残す川崎市の市長だからこそそういう行動を起こし、川崎市を環境対策における世界のモデル都市にしていこうと考えたわけです。当時沈滞していた川崎の産業を活性化するためにも、市内に蓄積された環境技術を世界へと普及させ、地球環境の改善に貢献する都市づくりを目指そうと考えていました。

こうした考え方のもとに羽田総理がかつて行ったような軽装による省エネ執務を実行することにしたわけです。軽装の開始時期は、衣替えの6月下旬の夏至の日からと決めました。夏至から9月の秋分の日までという想定でした。広く地域社会に普及させようというキャンペーンですから早目に広報を開始しました。多分、川崎市の担当者は横浜市にも声をかけたと思います。そして横浜市は、夏至から始める川崎市よりも早く6月1日から軽装執務を開始することになりました。クールビズの前段は川崎市から始まり、実行は横浜市が先ということになりました。そして翌03年には神奈川県内全体のキャンペーンへと発展していきました。

軽装執務キャンペーンが終わる秋分の日より前に敬老の日がやってきました。私は市の社会福祉協議会の壁義彰会長と一緒に市内の特別養護老人ホームを慰問に回りました。「歓迎阿部孝夫川崎市長」と書いた大きな看板を立てる施設もあってビックリすると同時に、これでは市長の歓迎会ではないかと複雑な気持ちになりました。

ノーネクタイの半袖姿で現われた新しい市長を見て、施設では様々な反応がありました。ある施設では、いかにもしっかり者という感じの高齢女性が私の側に寄ってきて言いました。「市長さん、もっときちんとした市長らしい服装でないといけません」と。彼女は元川崎市役所の職員だったそうです。軽装とはいえ、礼を失することのない服装が必要だと感じた次第です。その意味ではクールビズがファッションとして定着しているのは実にすばらしいことだと思います。

市長の私が阿部（あべ）で社会福祉協議会の会長が壁（かべ）でしたから、２人が続けて自己紹介すると「あべ」と「かべ」になりました。02年の敬老の日から続けて何年か、まだ暑さの残る秋の日に「あべ・かべ」コンビによる特別養護老人ホームの慰問は行われました。入居者の年齢とほぼ同じだった壁氏はその後間もなく亡くなりましたが、私にとっては新米市長時代の良い思い出となっています。

クールビズで訪問した特別養護老人ホーム（02年9月）

猛暑に間に合った教室冷房化

10年の夏は記録的な猛暑でした。全国の小中学校ではその暑さに大変苦労しました。ところが川崎市では、小中学校の普通教室の全室冷房化が前年の09年の秋に完成していましたので、その苦労をしなくて済みました。厳しい行財政改革の成果が大きく出ていたので、それを主として子育てや教育分野に還元してきた流れの中で、思い切って決断したのが功を奏したわけです。

ほんの少しの先回り行政が福音をもたらしたわけですが、同じようなことが東日本大震災の際にもありました。それまで臨海部を中心とする再生可能エネルギーの開発と活用には特に力を入れ、バイオマス発電や風力発電、メガソーラーの導入などを積極的に進めてきましたが、大震災による原子力発電所の事故を契機に、それらが大きく注目されるようになりました。とりわけ脚光を浴びたのがエリーパワーというベンチャー企業の大型蓄電池でした。これは、エリーカという電気自動車を慶應義塾大学の清水浩教授がK^2（川崎市と慶大の協同研究所）で開発したのを一緒に支えてきた銀行出身の吉田博一氏が蓄電池部門をベンチャー企業化し、水江町の塩漬け土地を市から定期借地権で賃借して大量生産を始めたものです。最初の製品の購買先を探していた最中に大震災が発生し、その在庫が福祉施設の電源安定化の切り札として脚光を浴びました。市は早速大量にそれを購入し、福祉施設に配布しました。

「ころばぬ先の杖」の行政とでも言うべきでしょうが、市内小中学校の全普通教室の冷房化については、その決定に迷いもありました。夏は暑いのが当たり前だから夏休みがあるとか、子どもを気候の変化に慣れさせる必要があるから甘やかしてはいけないとか、スポーツ関係の部活動は暑い中でもやっているとか、あるいは省エネ・地球温暖化対策に反するなどといった反対意見がありました。

当時私は、学校の地域開放や地域力の学校教育への導入などを積極的に進めていました。国が進める地域教育会議もありましたが、それ以上に私は、空いている時間の多い学校施設をもっと地域の人々に活用してもらうべきだと主張し続けていました。人口密度の高い川崎市では、地域住民が普段様々な活動をする公共の施設が少ないという不満が出ていました。私はこの不満を聞くたびに、地域で有効に使われていない小中学校という大きな施設があるではないですか、これは皆さんの施設です。私立の学校では有料貸し出しもしていますよ、と答えてきました。

近年の夏場の暑さは異常で、これは根性で解決するような問題ではありませんし、周辺の民間施設はほとんど冷房設備を持っています。そういう中で生きる子どもたちに対する教育としては、冷房化を進めた上でそのシステムを上手に活用し、近代化の中での省エネや地球温暖化防止のノウハウを身につけさせることの方が大切だと思いました。室内温度は28度に調整し、薄着で登校して冷房のムダ使いはしない。先生たちも環境対策には敏感になってもらう。快適に過ごしながら環境対策を学び実行することが大切だと思いました。

夏場の猛暑対策を行うことによって2学期制にするか3学期制にするかの選択もやりやすくなります。また地域に開かれた学校として地域の人々を招き入れることもやりやすくなります。まして地域の人々の様々な活動の場として活用するということになれば、根性や我慢のレベルではなく民間並みの施設にする必要があります。

教育委員会から小中学校の全普通教室冷房化について予算要求があったのは08年度の予算編成の時でした。私はこれを時代の要請と受け止め、行財政改革の成果を教育分野に還元するという形で予算化することにしました。予算化はPFI方式ということで、一定の民間企業に一括して設備工事と運営を任せ、その代価を市が支払うというやり方を採用しました。全小中学校が対象ですから時間がかかり、工事は08年度から09年度に渡りました。09年の真夏までに間に合わない学校もあり、完成時期は9月までズレ込みました。

ほんのちょっとのところで09年の夏に間に合わなかったことを大変残念に思っていましたが、何とその翌年の10年の夏は記録的な猛暑になりました。間に合わなくて残念どころか10年の猛暑に間に合って良かったという明るい気持ちに一変してしまいました。もしも10年が冷夏だったなら、残念の気持ちを長く引きずることになっていただろうと思います。

02年度から厳しい行財政改革を断行してきた努力が小中学校の全普通教室冷房化の財源

を生み出すことにつながり、10年夏の記録的な猛暑によって高く評価されることになったわけです。

日本民家園、岡本太郎美術館のある生田緑地

小田急線の向ヶ丘遊園駅に近い生田緑地は約180ヘクタールもある首都圏の貴重な緑地公園です。かつては子どもたちに人気の向ヶ丘遊園という大規模遊園地がありましたが、02年に閉園になりました。1927年に小田急線が開通するのと同時に開園されましたが、ディズニーランドなど新しいタイプのテーマパークが人気になる中で75年の歴史を閉じました。

その際、園そのものの問題もさることながら、その中のバラ園をどうするかということが大きな問題になりました。私が川崎市長になって次の年のことでした。当時470種4000株もあったバラ園をそのままなくしてしまうのか、それとも市が引き継ぐべきかという問題でした。バラ園は遊園の開設30周年記念事業として58年に開園したものです。土地は民有地の借り上げでしたから、引き継げば賃借料がかかるし、5月と10月の年2回だけの市民の楽しみのために市が年間通じて管理すべきかということが一番の問題でした。

そこでまず問題の所在を市民に知ってもらうとともに市民の反応を見るために市民アン

ケートを取ることにしました。その際、年間通じた管理は愛好者たちのボランティア活動でやってもらうことにして年間５０００万円ほどの支出で運営する案を提案しました。結果は賛成多数でしたので市がバラ園を引き継ぐことにしました。費用を示したことで反対意見もかなり多くあり、もはやそれ行けどんどんの時代ではないということも実感しました。土地はその後少しずつ国庫補助を活用して緑地として市が購入しました。

近くには67年に開園した日本民家園や99年に開館した岡本太郎美術館があります。日本民家園は、３代前の金刺不二太郎市長の時代に、他都市に移されそうになった近くの古民家（伊藤家）を川崎市内で保存するという案から発展し、富山県五箇山の民家や三重県の漁村の古民家なども集めて、７戸の国指定重要文化財を含む古民家の集落にしたもので、インターネット時代に入って外国人の人気スポットにまでなっています。

岡本太郎美術館は、母かの子の生誕地としてゆかりのある川崎市に作品をまとめて寄託したことを受けて市が建てた美術館で、養女岡本敏子氏が２００５年に亡くなるまで大変な力を込めて太郎の業績を世に発表し続けた拠点です。敏子氏が最後の大仕事として探し続けた「明日の神話」という太郎の大作は、大阪万博の太陽の塔と同時期にメキシコで制作したものです。それは壊されたメキシコのホテルで見つかり、関係者によって日本へ向けて船積みされました。敏子氏はこれを確認しましたが、それが日本に到着するのを確認することなく事故によって帰らぬ人となってしまいました。大作は川崎市内へと考え、場所や展示方法などを検討しましたが、市内ではついに適当な場所を確保できず、東急によって渋谷駅のコンコースに展示されることになりました。

生田緑地は、ゲンジボタルやホトケドジョウなどが生息する植生豊かな緑地ですから、子どもたちの格好の活動の場でもあります。子どもたちが環境学習や天体観測などを楽しむ場所としてかわさき宙《そら》と緑の科学館（旧青少年科学館）があります。ここはプラネタリウム・プロデューサーの大平貴之氏が育った場所で、おタクとも言える育ち方をした氏はとうとうメガスターという超高性能のプラネタリウムを開発してしまいました。そしてさらにバージョンアップしたプラネタリウムを開発し、それを扱う会社を経営するようになりました。科学館では氏が開発したプラネタリウムを楽しむことができます。

生田緑地に縁のある著名人にはドラえもんで有名な藤子・F・不二雄氏がいます。緑地の近くに氏の自宅があり、氏は生田緑地を散策するのが好きだったそうです。また国会議員を引退した永井英滋氏は都市アナリストとして市内のまちづくりを観察していましたが、生田緑地の管理のまずさには我慢ができないとして市に提言書を出してきました。早速私は担当者に検討を指示しましたが、それまでのまずい管理を当然と考えてきた担当者からすぐには抜本的な改善案は出てきませんでした。しびれを切らした永井氏は市に監査請求を出してきました。

これがきっかけとなって生田緑地の本格的な再整備がスタートすることになりました。

永井氏に指摘された通り、管理には数々の問題がありました。例えば、緑地への入口が全くそれらしくなく、この緑地に魅力的な施設が多くあるとか、わくわくする気分になるとか、そういうことを思わせる雰囲気はありませんでした。そんな反省から入口を明確にする標識を立てることにしたり、周辺の道路を整備したり、いろいろと手を加えることにしましたが、特に入口近くにはビジターセンターを建てて、緑地全体の案内を行うとともにボランティア等の活動の拠点としてそこが機能するように工夫をこらしました。

こうした生田緑地の再整備が進んでいた頃、近くの旧向ヶ丘遊園のボーリング場跡地に藤子・F・不二雄ミュージアムを建設するという案が具体化してきました。ミュージアムは11年に完成し、ドラえもんの誕生日の9月3日にオープンすることにしました。

新しくオープンした藤子ミュージアムを含め、生田緑地には日本民家園、かわさき宙と緑の科学館、岡本太郎美術館など魅力のスポットが揃いました。またその一角にはかつて米軍から引き継いだ市営の川崎国際生田緑地ゴルフ場もあり、これら全体を含めた生田緑地をどのように管理していくかは大きな課題になりました。そこで行政や外郭団体、市民団体などが協力して統合的に管理する方式を模索しながら検討会を設置し、11年3月に生田緑地ビジョンをとりまとめました。ゴルフ場や藤子ミュージアムなどの指定管理者は民間企業で、これらの関係企業や団体、市民と行政とで協議会を設け、ビジョンに基づいて全体を調整するシステムを確立しました。

都市アナリストの永井英滋氏から厳しい指摘をいただいた頃は、それぞれが縦割りで全体を調整するシステムが存在せず、公園事務所には問題点を指摘する能力もありませんでした。生田緑地ビジョンによって全体のコンセプトが明確になり、それに基づく官民協働の取り組みは徐々に効果を発揮し、生田緑地の魅力を高めるようになりました。そして関係方面からは公園管理のモデルとして表彰も受けるようになりました。

藤子・F・不二雄ミュージアムの完成

前述のように、藤子・F・不二雄氏がかつて散策場所として愛した生田緑地に藤子・F・不二雄ミュージアムという超人気スポットが誕生しました。東日本大震災があった11年のことです。記念となるオープニングの日は9月3日、藤子作品の人気キャラクター・ドラえもんの誕生日でした。ドラえもんは101年後の2112年9月3日に誕生することになっています。

場所は閉園になった向ヶ丘遊園のボーリング場の跡地で、小田急線の向ヶ丘遊園駅とJR南武線の宿河原駅から徒歩で15分ほどの多摩区長尾地区ですが、小田急とJRがクロスする登戸駅からは専用の市バスが出ています。藤子作品のキャラクターでラッピングされたシャトルバスのナンバーは2112になっています。小田急線とJRの電車の発車音にはドラえもんの歌が使われ、JR宿河原駅前のコンビニではミュージアム・グッズが売られています。

藤子・F・不二雄の藤本弘氏は、生田緑地の近くに住んでドラえもんやおばけのQ太郎などすばらしい作品を多く生み出しましたが、1996年に62歳という若さで亡くなりました。その後夫人から川崎市に原画等の貴重な資料を託したいとの申出があり、私が市長に就任した2001年には市においてその資料の適当な保管場所や扱い方などについて検討している最中でした。

普通の美術館や博物館のように資料を保存し展示するだけなら簡単ですが、ドラえもんやおばけのQ太郎などが最大限に活用され、施設の運営が長続きするようにと考えると、そう簡単なことではありませんでした。川崎駅西口の再開発で新設されるラゾーナ川崎プラザの中に入れることも検討しましたが、なかなか結論には至りませんでした。夫人は、夫の藤本氏が家の近くの生田緑地が好きでよく散歩していたという思い出をとても大切にしており、生田緑地に強いこだわりを持っていました。こうした夫人の希望に添った形でミュージアムを設置し、長期的に自立的に運営していくにはどうしたらいいのか、ということが常に私の頭の中にありました。

ちょうどその頃、三鷹の森にジブリ美術館がオープンし、宮崎駿氏の作品を展示、活用する継続性のある上手なミュージアム運営が大きな話題になりました。私はこれぞまさしく自分が求めていた手法だと直感し、休日に実際に三鷹の森まで行って見てきました。そしてすぐに市の担当者に、藤子ミュージアムをジブリ方式で実現するよう検討を指示しました。

場所については、閉園になった向ヶ丘遊園の跡地の適当の場所を見つけることにしました。遊園の跡地利用については、所有者の小田急が高齢者向けの住宅団地などいろいろと検討していましたが、計画そのものが再三変更されるなどあまりはっきりしませんでした。市の担当者と藤子プロ、そして小田急の三者で藤子ミュージアムの場所についても検討しましたが、なかなか適地は定まりませんでした。

そんな時期に、旧遊園の入場口の近くにあったボーリング場が閉鎖されることになりました。小田急が経営する高齢者に人気のボーリング場でしたが、建物が古くなっていました。そこは正面が川崎と府中を結ぶ街道に接し、裏側は生田緑地の旧向ヶ丘遊園に接する絶好の場所でした。実際に稼働しているボーリング場でしたから、そこを藤子ミュージアムの候補地にとは全く考えていませんでしたが、ボーリング場の廃止で急にそこが最適地として浮上してきました。

ボーリング場を利用していた高齢者たちの反対運動が起こりました。子どもたちのために高齢者をないがしろにするとはけしからんという反対運動でした。ボーリング場の廃止が藤子ミュージアムの計画のためだと誤解されたようです。

いろいろと必要な調整を行った末に最終決定に至り、藤子・F・不二雄ミュージアムの建設がいよいよスタートすることになりました。川崎市の施設として条例を定めて設置し、その運営は指定管理者として藤子プロに委託するという基本的な枠組みができました。土地は市が小田急から定期借地権で借りました。施設は藤子プロと藤本夫人が資金を負担して整備し、それを川崎市に寄附しました。市は市の施設として条例を制定して設置管理を行い、実際の運営は藤子プロに任せました。

そして11年9月3日、ドラえもんの誕生日にオープンし、一躍川崎市の名所になりました。入場者を1日2000人に限定し、時間ごとの予約制にすることによって混雑を避けることにしましたが、予約はほぼ満員となり、1年の入場者数は約50万人になりました。

藤子・F・不二雄ミュージアムのオープンは、01年に私が市長に就任して検討し始めてから紆余曲折を経て約10年の後になってしまいました。しかし生田緑地に接する土地に藤本夫人はじめ関係者が納得のいく形で実現し、後々海外にも知られる名所にまでなっていることを考えると、これでよかったのだと思います。

ミュージアムの開館1周年とドラえもんの誕生100年前を記念して、ドラえもんに特別住民票を交付（12年9月）

東海道かわさき宿交流館と観光の振興

川崎市初の観光案内所が04年にＪＲ川崎駅の東西自由通路に誕生しました。市制80周年にして初めてのことです。同じ頃京浜急行線の川崎大師駅にもできました。それまで川崎市では観光は意識されてこなかったのです。観光も高級品の買物も外に出て行くものという感覚でした。それにもかかわらず正月三が日の川崎大師への参拝者は３００万人にものぼっていました。

初の観光案内所ができた04年頃から川崎市の観光は大きく変わりました。川崎大師で夏場に開催される日本最大の風鈴市やチネチッタが火をつけた10月末のハロウィーン、京浜臨海部の工場夜景、川崎駅周辺の人気の大型ショッピングセンター・ラゾーナ川崎プラザ、ミューザ川崎シンフォニーホール、東芝未来科学館、武蔵小杉駅周辺の高層マンション群、あるいは等々力緑地で行われる川崎フロンターレの試合などの各種イベント、多摩区の藤子・Ｆ・不二雄ミュージアムや生田緑地、麻生区の総合芸術祭「アルテリッカしんゆり」、そして北部の多摩川梨のもぎとりや南部の川崎競輪、川崎競馬まで含めると、川崎市の観光もなかなかのものがあります。

ＪＲ東海道線に沿って旧東海道の名残りの砂子《いさご》通りがありますが、川崎宿４００年の23年に向けてその名残りの保存や復元、資料や記録の展示などが進められてきました。東海道を江戸へ向かってすぐに多摩川があり、六郷の渡しの水量が増すと旅人は足止めされ、川崎に滞在することを余儀なくされました。奈良茶飯で有名な万年屋などの旅籠が開業し、それが川崎宿となったのが１６２３年のことだそうです。

旧東海道は箱根大学駅伝が走る15号国道とＪＲおよび京急の両鉄道に沿ってその中間を通っていますが、少し多摩川を上流に行くと「夜霧の第二国道」と歌われた現在の1号国道が走っています。歴史という意味ではもっと上流に中原街道があり、さらに上流には大山街道があります。中原街道は江戸から武蔵小杉を通り平塚の中原御殿へとつながる徳川将軍の通り道だったということで、市内中原区にはそのゆかりの場所があります。大山街道は国道２４６号に沿って東京から高津、溝口を通って大山阿夫利神社につながる参拝道で、その名残りは今もあります。また高津、溝口は岡本かの子や浜田庄司ゆかりの地であり、その先の橘樹《たちばな》地区は律令時代のロマンにまでつながる場所でもあります。

これらの中で特に観光という面で積極的な取り組みを進めていたのは東海道川崎宿でした。そしてその中心でがんばっていたのが元参議院議員の斎藤文夫氏です。氏は自宅を改造して「砂子の里資料館」という浮世絵の展示館を開設し、一般向けに無料で開放しました。長年に渡る本格的なコレクションで、神奈川県関係のシリーズや花魁の24時間、あるいは東海道五十三次など体系的にかつ明解なコンセプトに基づいて作品を集めて展示していました。その集大成とも言うべき展示会は、東京丸の内の三菱一号館美術館で3回にわたってシリーズで開催された大々的な浮世絵展でした。

砂子の里資料館が開館して間もなく、斎藤氏は国土交通省が認定する観光カリスマに選ばれ、氏の観光事業への取り組みにさらに拍車がかかりました。神奈川県で最初の観光カリスマで、氏はその流れの中で川崎市観光協会連合会の会長を務め、さらには神奈川県の観光協会の会長にも就任し、神奈川県を代表する観光振興の大御所になりました。

一方では旧川崎宿や川崎大師などをテーマに学習を重ねるグループもあり、このグループを中心に来訪者を案内するボランティア活動も活発になってきました。万年屋の奈良茶飯も再現され、旧東海道の名残りの保存や復元運動にもハズミがついてきました。この流れはやがてボランティア活動や観光振興のための拠点が欲しいという運動にまで発展してきました。斎藤氏を代表とする募金運動が始まり、何とその額は3000万円にも上りました。

ちょうどその頃、旧東海道沿いに更地になった市有地(かつて水道局が使っていた土地)があり、そこに立体駐輪場を建設しようと市が計画していました。このタイミングでボランティア活動の拠点づくりの要望があり、しかも3000万円もの寄附を集めたということでしたから、市はそれを重視しないわけにはいきませんでした。そこで市は、立体駐輪場とボランティア活動の拠点とを合築し、活動拠点の玄関を旧東海道の側に設けることにしました。4階建てのこの活動拠点は「東海道かわさき宿《しゅく》交流館」と名づけられ、13年に私が市長を退任する直前に完成しました。

交流館の運営は市の指定管理者となった川崎市文化財団と斎藤氏を代表とする川崎市観光協会連合会の共同事業体によって行われており、評判もなかなかのものがあるようです。神奈川県内の名の通った旧宿場の関係者からも羨しがられるような存在になっているようです。

旧東海道川崎宿のあたりで生まれ育った有名人としては、「赤城の子守唄」や「人生劇場」「湖畔の宿」などの作詞者の佐藤惣之助と「上を向いて歩こう」の坂本九がいます。佐藤惣之助は川崎宿の本陣の出で、前橋の萩原朔太郎とも親交があり、再婚の相手には萩原の妹を選ぶほどでした。阪神タイガースの「六甲おろし」も惣之助の作詞です。残念ながら1942年に52歳で亡くなってしまいました。

若くして亡くなったという点では坂本九ちゃんも同じです。川崎小学校の出身で「上を向いて歩こう」がヒットし、スキヤキソングとして世界的に有名になりましたが、85年の日航機の墜落事故で43歳という若さで亡くなりました。九ちゃんの歌碑が2015年にライオンズクラブによってJR川崎駅の東口広場に建てられました。

04年に川崎市に初の観光案内所ができて以後、観光スポットと呼べる場所も徐々に多くなり、7つの行政区ごとに観光協会もできました。しかしいまいち川崎市の観光振興にはピンとくるものがありません。ビジネスホテルはたくさんありますが観光ホテルのようなものはありません。私のかつての経験すなわち石川県商工労働部長や地域おこしのアドバイザーとしての仕事から考えると、観光は産業振興であり、関連物資の販売促進やサービスの有料提供であって単なるシティセールスではありません。市内ホテルへの宿泊や市内物品の購買を通じて市内に収入が入り、その収入を見込んで宣伝などの投資を行うという事業であって、そうでなければ単に人が来てごみを落としていくというお荷物にすぎません。客が来てお金を払い、そのお金の一部を使って観光協会を運営し宣伝を行います。その宣伝効果で客がさらに増えるというグッドサイクルを築くのが観光事業です。

私はそういう考え方のもとに予算査定をしましたから、要求者にとってはかなり厳しく見えたことでしょう。公費を支出するのなら、せめて同額ぐらいはホテル事業者や物販事業者にも負担してもらうようにと指示しました。工場夜景が人気を博すなどして気をよくしていた市の担当者がどれだけそのことを理解していたかは分かりません。工場夜景はシティセールスとしては面白いし、関係者の収入増にもつながりますので、これに火をつけてくれた夜景評論家の丸々もとお氏や横浜商科大学の羽田耕治教授などに感謝したいと思いますが、もともと多くの人が住んでいて往来も多い川崎市は、客を誘致することがすなわち観光事業のグッドサイクルになるような観光地とは内容が異なります。

川崎市における観光事業とは一体何なのか、市民経済の面でどういう意味を持つのか、それに対する公費の支出はいかにあるべきかなどなど、もっと深く検討していくことが求められます。

よんばけ（４化）政策の提案

世間では十年一昔と言いますが、川崎市長になってから10年になりますと、最初から取り組んだ厳しい行財政改革の効果ははっきり見えるようになり、新しい人事評価システムも浸透して職員たちの執務態度もよくなりました。音楽のまちづくりなど文化スポーツ振興も進み、武蔵小杉駅や川崎駅の周辺を中心にまちの人気も上昇し、グリーン、ライフ、ウェルフェア分野のイノベーションを中心とした成長戦略も姿を現わすようになってきました。

そういう中で1期目を思い返しますと、前任者から引き継いだ難問の処理のために必死に努力をしてきた自分の姿が浮かんできます。そして2期目、3期目と川崎の長所を引き出す施策を次々と実施し、それに伴って川崎市が灰色のまちからパステルカラーのまちへと大きく転換してきたことを強く実感します。またそういう施策を実施できたということを誇らしくも思います。学者時代に自分が書いたり講演してきた行政管理や政策形成の理論を川崎市長として自ら実践してきたわけです。官僚時代の経験を踏まえて大学教授の仕事をこなし、学者の理論を踏まえて市長の仕事を担ってきたわけですから、官僚、学者、政治家と立場は変わっても取り組んできた内容は一貫していました。学者時代の理論が実務にも通用したわけで、口先だけの理論倒れにならなくて本当に良かったなと思います。『実践的行政管理論』（成文堂）など自分の著書を今になって読み返しますと実に感慨深いものがあります。

川崎市長になってから10年ぐらい経った頃、3期12年までと条例化した自分の任期もいよいよ終わりに近づいてきたと実感するようになりました。それまで施策を考える際は常に10年20年先を念頭に置いてきました。息の長いまちづくりのためには特に超高齢社会の到来や人口の減少を重視した将来像を描いておく必要があると思っていました。そこで後々まで続くまちづくりの考え方を伝えるべく、市の幹部職員に対し年頭の挨拶で「よんばけ」政策というのを提案しました。意味するところは4つの「化（ばけ）」で、内容は「コンパクト化」「長寿命化」「エコ化」「ユニバーサル化」という4つのまちづくりの基本的なコンセプトです。急に思いついたわけではなく、それまでの政策審議や予算編成の際に常に私の頭の中にあったものをまとめて幹部職員に示したものです。

「コンパクト化」は、市内の交通結節点となる便利な駅周辺に市民の集まる施設を集約し、利用効率や利便性の高い拠点づくりを進めるということで、他の都市で見られるコンパクトシティの考え方と同じです。超高齢化や人口減少の時代の到来に備えるものです。

「長寿命化」は、施設の維持管理を計画的に行い、できるだけ長期間に渡ってそれを活用し続け、建設費と維持管理費を合わせたトータルのコストを割安にするというものです。高齢化等に伴って財政が逼迫してくる時代のために備えるものです。

「エコ化」は、省エネによってコストを下げるとともにグリーンイノベーションによって市民生活の快適性を確保するというものです。エコノミーとエコロジーを重視するということです。

「ユニバーサル化」は、バリアフリーを計画段階から組み込むまちづくり、あるいはその先を行くユニバーサルデザインによるまちづくりです。高齢化で機能が落ちた人々や障害者が健常者と同じように生活の利便性を享受できるように施設や交通機関などを整備するというものです。

川崎市は全国でも珍らしい人口増加都市であり、しかも比較的若い人が全国から集まってきている都市です。それでも社会全体の超高齢化への流れは止めようもありません。川崎市もやがて高齢化によって活力が低下し、市の税収も頭打ちになる時代がやってきます。かつての高度成長時代とは全く逆の縮小均衡の時代がやってきます。

やがて当面することになる縮小均衡の時代に適切に対応することは行政にとってそう簡単なことではありません。過剰になった施設の維持管理やその廃棄には巨額の生産的でない経費がかかりますし、行政サービスを縮小させていく過程では様々な問題が発生するでしょう。財政収支が悪化していく中でまちの整備を続けていくとすれば「コンパクト化」によって効率性の高いまちづくりをする必要があります。「長寿命化」によって長く施設を使い単年度当たりのコストを下げていくことも必要になります。また「エコ化」や「ユニバーサル化」によって新しい時代の人間らしい市民生活を確保していくことも重要になると思います。さらにグリーン、ライフ、ウェルフェアといったイノベーションの成果が日常生活に普及し、質が高く健康寿命の長い市民生活が実現するということになればすばらしい未来の川崎市が実現します。健康寿命が長くなった市民は、納税するための経済力は多少弱くても、里山保全や環境美化、文化スポーツ施設の管理など様々なボランティア活動に参加するようになり、市民による市民のためのまちづくりを進める大きな力になってくれることでしょう。自治基本条例に定める参加と協働のまちづくり、区民会議制度による市民の市民による意見交換と実践活動が実現し、市民がまちづくりの主役になる実質的に豊かな川崎市が現実になれば、縮小均衡時代も難なく乗り越えていけると思います。

「よんばけ」はすでに実際に川崎市のまちづくりに組み込まれています。「コンパクト化」については、川崎駅、武蔵小杉駅、溝ノ口駅、登戸駅、新百合ヶ丘駅といった市内の拠点駅の周辺の再開発や区画整理、商業施設や文化施設、行政機関などの集積といった形で進んでいます。「長寿命化」については、道路、橋梁、水道、下水道などのインフラ、公共建築物などについて処方箋を作成し、それに基づいて計画的に補修を進めるという形で取り組みました。「エコ化」については、グリーンイノベーションという形で企業の環境技術の開発促進、その海外展開の支援、先進的モデル導入による市内の環境ショーケース化、雑紙の再資源化まで含む3Rの推進、緑地や水辺の保全などに取り組んできました。

「ユニバーサル化」については、ウェルフェアイノベーションのための「かわさき基準（KIS）」に基づく福祉製品の認証や研究開発、まちのバリアフリー化や施設・設備の計画段階からのユニバーサルデザイン化などを進めてきましたが、これは日常の市民生活の全般に関わる広範で息の長い取り組みです。なかなか目に見えるような形にはなりません。その中で特筆すべきものとして「ユニバーサルデザインタクシー（UDタクシー）」の導入があります。

神奈川県タクシー協会川崎支部長である川崎タクシー社長の関進氏から提案があり、13年に全国に先駆けてUDタクシーの導入を実施しました。会社は車椅子対応のタクシー車両を用意し、市は駅のタクシー乗場にUDタクシー専用の乗場を確保し、業界はUDタクシーが先頭に並ぶことをルール化するというものです。関社長はそれより20年ほど前にアメリカ視察でヒントを得て4台のUDタクシーを導入して失敗したという経験を持っていました。今回はその反省から空き時間には流しもやるという方式での導入によって再チャレンジしようとしていました。タクシーの社会的な役割、市民から歓迎される事業ということを常に意識してきた関社長からの提案でした。そしてその提案は私が提案する「ユニバーサル化」とも合致するものでしたから、まず最初に川崎駅で実現し、その後他の駅にも広げるという形で進めることになりました。

第8章　わが人生と市長選挙

川崎市との縁

私は1943年9月に福島県福島市で生まれ、18歳で高校を卒業するまでそこで育ちました。福島市と言っても合併前は信夫郡水保村という寒村でした。東京で大学を卒業し、自治省に就職して最終的に落ち着いた場所が川崎市です。

小泉純一郎内閣が人気を博していた2001年10月、川崎市長選挙に立候補し、当時の現職市長を破って市長に当選しました。アメリカで同時多発テロが発生した9月11日の約1カ月後のことでした。他にも新人が3人立候補して5人の戦いでした。にぎやかな選挙になりましたが、その割には投票率が低く36％程度でした。私が12万7000票、現職の高橋清氏が約10万票、共産党推せんの元市役所の局長が約7万票という結果でした。

当時の市の人口は約124万人で、その後毎年2万人ほど人口が増え続けました。私自身1992年に川崎市に移り住んだ新住民でしたから、市長に就任してから多くの人にどんないきさつで市長になったのかと尋ねられました。

妻の悠子は横浜市で生まれ育った3姉妹の長女です。いわゆる転勤族だった私と71年に結婚し、サンフランシスコ市、水戸市、金沢市、東京都内と引っ越し生活を送った後、川崎市内に住宅を買って移り住みました。

悠子との出会いは、役所関係の私の知人と悠子の父（会社役員）の部下とが友人で、その2人の紹介でした。悠子の父が78年に他界し、母は横浜市鶴見区の住宅を売却し、当時独身だった下の妹と一緒に川崎市高津区のマンションに移り住みました。母はリューマチを患い車椅子の生活になりましたので、結婚した妹夫妻の世話になりながら高津区内の特別養護老人ホームのデイケアに通うことになりました。

長女である妻悠子は妹夫妻に世話を任せることを気にしていましたが、92年に私が25年間の役人生活に終止符を打って大学教授に転職したのを機に私たちは、悠子が母を訪問しやすいJR南武線沿いの多摩区に新居を求めることにしました。私は多摩区中野島の自宅から金沢市の北陸大学まで毎週通いましたが、96年4月に高崎経済大学に移ってからも自

川崎市長選挙に立候補（01年10月）

宅から高崎まで通いました。そして２０００年4月に法政大学に移りその翌年の01年、川崎市長選挙に立候補しました。

10月の選挙に先立つ01年2月に突然、衆議院議員だった松沢成文氏の紹介で立候補を宣言しましたから、多くの人たちが驚いたことと思います。松沢氏は当時、私の自宅近くの中野島駅前に立ってよく演説をしており、選挙区の多摩区、麻生区および高津区での得票も多く、若手のホープとして人気を博していました。しかし刺激的な言動に対するハレーションも多く、私の立候補を支える大きな力になった反面、私に反対する口実にも利用されました。いずれにしても私は松沢氏が連れてきた候補として選挙を戦い、現職の高橋氏を破って当選し、川崎市長に就任することになりました。１９９２年に川崎市に移り住み、それから丸9年を経た２００１年11月19日に私は川崎市長に就任し3期12年間市政を担うことになりました。

川崎市と私の縁は妻の家族に発していますが、それにしても川崎市は便利な都市です。金沢市の大学に通うのには東海道回りと北陸回りの新幹線、羽田から小松への飛行機を利用しましたが、東海道から北陸、上越を回る周遊券やその逆方向の周遊券、あるいは回数券を多く使いました。また行き帰りに途中下車して自治体や地域おこしの団体などで講演することも少なくありませんでした。講演内容は専門の行政管理や政策形成、地域活性化や文化芸術の振興、国際交流の進め方などでした。

高崎市の大学へは武蔵野線、埼京線を経由して大宮駅から上越新幹線というルートで通いましたが、自家用車を運転して直行することもありました。JR南武線は東京都心の混雑を避けながら広域的に活動する拠点としてとても便利な鉄道です。南武線の中野島駅前に住んで広域的に活動した8年間で私は、上手な交通手段の活用法を身につけることができました。

実務と学問の二刀流

川崎市長になる前は学者で大学教授、その前は自治省の役人でした。1967年に東京大学法学部を卒業して自治省に入省し、それから25年間役人生活を送りました。92年から10年間は大学教授、そして58歳で川崎市長に就任しました。市長として3期12年務め、70歳になった2013年に任期を終えましたが、14年1月からは地方六団体関係者ということで政府の特定個人情報保護委員会の委員に就任することになりました。同委員会はマイナンバー（個人番号）の安全管理を所管する公正取引委員会のような新設の役所として発足し、16年1月からは個人情報保護委員会として改組され、民間を含む広範囲な個人情報の保護管理を所管する役所になりました。

役人として25年間の行政実務、大学教授として10年間の学問研究というのが市長選挙での私の自己宣伝で「二刀流」を売りにして選挙に臨みました。大谷選手の大リーグでの活躍がこの頃にあったなら「二刀流」も効果があったでしょうが、選挙でどれほどの効果があったかは分かりません。単なる役人バカではない、あるいは学者バカではないというマイナスを否定する効果はあったかもしれません。

市長になって強く感じたことは、短くて相手の心に響くような挨拶や演説がものすごく大切だということでした。当時の首相小泉氏はインパクトのある短い言葉で人気を博し、ワンフレーズ・ポリティクスということで話題になっていました。政治は言葉が命だと言われますが、その意味が分かるようになりました。

思い返しますと、役人時代は誤ったことを言わないように、ミスをしないようにと随分気を配り、やたら「等」の多い文章を書き、回りくどい表現を使うことが多かったということに思い至りました。いわゆる役所言葉を無神経に多用し、文学的あるいは情緒的表現を意識的に避けてきたように思いました。

学者時代にはまた違った対応が求められました。相手を説得するように長く詳しく、そして小さなことも大きく膨らまして解説するという習慣が身についたように思います。重要度の大小と関係なく詳しく解説することが学者の世界では多かったように思います。

私は役人と学者を経験してから市長という政治家になったわけですが、当初は学者時代の習慣を引きずり、挨拶が長くなったり、短い言葉で感情的に訴えるのに苦労するという日々を過ごしました。当時人気を博していた小泉首相のワンフレーズ・ポリティクスを羨ましく思ったものです。しかし反面、若い頃から政治の道に入り、世間受けする言葉の発し方は上手であっても、実質的な信念や哲学、知識に乏しい政治家が少なくないのは誠に残念です。そういう政治家がマスメディアの流れに乗って人気者になるようなことはあって欲しくないと思います。世間受けする言葉も内容が伴ってこそ本物です。朝の演説は論理的あるいは理性的に、そして夜の演説は感情的にやるのが効果的だそうですが、私はそれをなかなか実行できませんでした。長い間の役人生活で感情を抑える習慣がつき、学者生活で長たらしく話す習慣が身についていました。

役人生活25年の出発点は、1967年の自治省入省、そこでの3カ月の実務研修の後の埼玉県庁勤務でした。夏の暑い盛りに浦和の埼玉県庁に赴任すると、すぐその足で別の作業所に案内され、市町村の決算統計の書類整理をすることになりました。当時はたくさんの紙の資料を手作業で整理するという力仕事でした。

仕事を終えると歓迎会と称して居酒屋で飲み会をすることになりました。コップに注がれた焼酎は受け皿にまで溢れました。私はまず皿から飲みました。すると年輩の県庁職員が、まずコップに口を近づけて飲み、次に受け皿の焼酎をコップに戻すのだと教えてくれました。こんな風にして県庁勤務から様々なことを学ばせてもらいました。

しばらくして上司の総務部地方課長として自治省から武村正義氏が赴任してきました。

武村氏は地方課長の前に学事文書課長に就任しましたが、その頃彼の机の上には荻生徂徠の書のコピーが置いてありました。内容は、人というのはその長所のみによって生きるものだというようなものでした。それが私にはとても印象的で、後々の人事で私自身がそれを常に心がけるようになりました。多少欠点のある部下でも長所を評価して登用するという人事を実行してきました。これは武村氏から学んだことです。武村氏と同時期に警察庁からは捜査第二課長として亀井静香氏が出向していました。2人とも大人物の片鱗が現われており、その後早くから政界に転じて大活躍をすることになりました。

埼玉県庁から転勤した先は自治省財政局の公営企業第一課という水道、バス、地下鉄、病院など自治体の事業の制度や経営指導を所管する部署でした。ここでは労務管理や企業会計を学ぶことができました。この部署には約10年後に再度勤務することになりますが、それまでの10年間は外務省の本省で3年、在サンフランシスコ日本国総領事館で3年、帰国して自治省の府県税課で1年、茨城県の総務部財政課長に出向して2年という歳月でした。

職場の奇遇

サンフランシスコの日本国総領事館勤務は73年8月から76年5月までの約3年でしたが、後に川崎市民として再会した鈴木玄八郎氏と小川邦夫氏の2人と席を並べて仕事をしたのがこの時期です。2人とも当時の通産省からの出向者で小川氏が鈴木氏の後任です。その後任の後任が東芝でラゾーナを担当した清川祐二氏です。私の前任者の永田尚久氏も後任者の林省吾氏も川崎市民となりました。大変な御縁を感じますし「職場の奇遇」でもあります。

私がシスコに赴任した直後の73年秋にオイルショックが発生しました。日本ではトイレットペーパーの買い占めがあったとのことで、シスコでも日本人が大量にトイレットペーパーを買う姿が見られました。カリフォルニア州知事はレーガン氏（後に大統領）で、私は彼の署名のある身分証明書をもらいました。大統領はニクソン氏で、後にウォーターゲート事件で辞職することになりました。為替レートが自由化され、1ドル360円だったのが瞬く間に180円まで円が強くなりました。給料はドル建てでしたから円が強くなった恩恵は私にはありませんでした。オイルショックの影響によりトヨタや日産の車がよく売れていましたし、また円高で値段が上ったのか、3年使った中古の日本車が新車で買った時と同じ値段で売れたという人が多くいました。

総領事館の領事という仕事柄いろいろな人に会う機会がありました。ヨットで1人ぼっちの太平洋横断を再び終えた堀江謙一さんに会いました。最初の太平洋横断の際は大騒ぎになり、堀江さんもすっかり有名人になりましたが、2回目ということで新鮮味がなく現地の新聞も「柳の下に2匹目のドジョウはいない」といった論調で、大変冷たい扱いをしていました。

フィリピンのジャングルから30年ぶりに出てきて話題になった小野田寛郎さんにも会いました。歓迎会で彼は「私の名前はヒーロー（寛郎）ですがちっともヒーロー（英雄）ではありません」などと実にうまい挨拶をヒロウ（披露）していました。ちなみに飛行場で彼を出迎えた際、彼が載っている現地の日本語新聞を見せると「これだ、これこそが日本の新聞だ」と叫びました。日系人が発行していたその新聞では漢字にルビがふってありました。「今の日本の新聞はカタカナだらけで、おまけに漢字に仮名もふられていない。これでは勉強にもならない」と小野田さんは言っていました。今から45年ほど前のことですが、日本語とは何かを私が考えるヒントになりました。今はインターネット時代で、あらゆる情報が瞬時に世界中を駆けめぐっています。

シスコでの最高の経験は何と言っても昭和天皇、皇后の訪米に自ら関係したことです。私は要人警固をするシークレットサービスとの連絡役で裏方でしたが、目と鼻の先で陛下をお迎えする機会に恵まれ、大変光栄に感じました。陛下の車に同乗したのは末岡日出徳総領事で、彼は外務省公電漏洩事件の時に担当課長で苦労し、サンフランシスコの総領事に栄転してきていました。彼の話によると、陛下はゴールデンゲートブリッジの展望台で絶景を御覧になっているはずなのに「見えなかった。周りは新聞記者ばかりだった」とおっしゃったとのことでした。陛下が帰路に着くためにホテルを出る際は、日系の人たちがあまりにも多く集ったため、シークレットサービスが急遽予定を変更し、予定していたルートには車列とダミーの車を走らせ、陛下は一般客と一緒にエレベータで降り、別に待たせた車でホテルを出て行きました。担当だった私は、陛下の姿が見えなかったとたくさんの苦情を日系の人たちからいただくことになりました。

約3年のサンフランシスコ勤務を終えて76年に羽田空港に帰ってきましたが、その時に見た東京の町の印象は茶色主体の絵画のような感じでした。まだ木造の町並みも多く、明るくペンキで化粧したシスコの町並みを見慣れた私の目にはそう見えたわけです。横浜市金沢区泥亀の公務員住宅に入居し、そこから京浜急行で自治省まで通いました。電車の窓から見た川崎市の空は昔のようなスモッグの空ではありませんでした。伊藤三郎市長の「青い空、白い雲」の政策が功を奏しているようでした。当時、25年後に自分が市政を担うことになるとは夢にも思っていませんでした。

その翌年、茨城県の財政課長として水戸市に赴任しました。当時の知事は建設省出身の竹内藤男氏で、石川さゆりの「津軽海峡冬景色」をよく歌うカラオケ好きの人でした。私がカラオケをよく歌うようになったのもこの頃からです。サンフランシスコ時代はよくピアノバーに行きました。ピアノの上に置かれたワイングラスに1ドルのチップを入れて伴奏してもらいました。「シクラメンのかほり」がレコード大賞を取った時期ですが、作詞作曲した小椋佳が同級生の神田君だとは全く想像もしていませんでした。

茨城県庁勤務でも「職場の奇遇」がありました。福島高校時代に同じクラスだった渡辺君が県庁職員になっていました。私が名簿の最初で席は右側の一番前、渡辺君が最後で左側の一番後ろの席という位置で授業を受けた高校時代を昨日のように思い出しました。

「職場の奇遇」はさらに続きました。私は福島県信夫郡水保村（今は福島市）で生まれ育ちましたが、その寒村の小中学校で同級生だった二階堂昭雄君に茨城県庁で出会いました。彼は毎日新聞社の記者として県庁を担当していました。彼は小中学校で私と成績を競ったライバルでもありましたが、中学校卒業と同時に東京に出て就職しました。その彼が何と毎日新聞社の記者として茨城県庁の記者クラブにいたのです。そしてさらにその25年後、私が川崎市長になってから再度の「奇遇」がありました。都市対抗野球で東京ドームに川崎のチームを応援に行くと、そこには「アマチュア野球の神様」とまで言われるようになっていた毎日新聞社の記者、二階堂昭雄君がいたのです。毎日新聞社主催の都市対抗野球では川崎市代表の三菱ふそう川崎硬式野球部と東芝野球部は優勝の常連チームでしたから、私もしばしば応援に行き、何度も優勝の胴あげをしてもらいました。二階堂君はその都市対抗野球の顔になっていました。

二階堂君は東京に出てから定時制で高校を卒業し働きながら早稲田大学を卒業して新聞記者になっていました。彼を見て私は、人間どんな環境に置かれてもやる人はやるんだなと深く実感しました。

2年間茨城県庁に勤務した後は自治省に戻り、課長補佐として公営企業を再び担当することになりました。79年、私が35歳の時です。この時期に同じ公営企業を担当していた橋本昌氏が後に茨城県知事に、石井隆一氏が富山県知事に、部下だった山田啓二氏が京都府知事・全国知事会長になりましたが、私の後任になった蒲谷亮一氏が横須賀市長に、そしてその後任だった谷本正憲氏が石川県知事になるという「職場の奇遇」が続きました。こんなに集中することは全く珍らしいことです。

環境問題への目覚め

知事や市長を多数輩出することとなった自治省の公営企業の担当は81年3月で終わりました。次の職場は自治大学校という地方自治体職員の研修機関でした。ここでの教授としての1年間は、私が役人から大学教授へ転身する原点となり、出発点ともなりました。担当は市町村職員に対する地方公務員制度の講義と地域課題の解決演習の指導でした。

6か月あるいは3カ月という長い宿泊研修で、研修生たちは酒をよく飲み、全国的な仲間づくりに励み、宿泊所がある都内広尾地区の商店街に賑いをもたらしていました。私も飲み会には参加しましたが、楽しく一緒に飲んだ後に、陰ではかなりひどい悪口を言われているということを知りました。国の役人が自治体職員からこんなに嫌われているのかと思い知らされました。自治省という役所は、地方自治の発展のために国で体を張ってがんばっているのに、自治体からは「やっぱり国だ」と見られていることがよく分かりました。

しかし私にとっては、自治大学校での教授という仕事は人生における次のステップへの入口になりました。自分で学んで他に教えるという仕事には、自分を常に成長させていくという達成感のようなものがあります。これを1年間続け、飲み過ぎから体調を崩し、本調子でないままに石川県庁へ出向することになりました。この時期にそれまで18年間続けてきたタバコと酒を断ちました。後に酒は復活しましたが、タバコはきっぱりとやめました。

石川県庁では、前任者の武藤敏郎氏から商工労働部長と総務部長の職を引き継ぎました。武藤氏は後に財務省の事務次官を務め、官庁スキャンダルで揺れ動く大蔵省の財務省への転換やその管理で手腕を発揮し、日銀副総裁等を経て東京オリンピック組織委員会の事務総長を務めることになりました。私は武藤氏から商工労働部長の職を引き継ぎ、石川県への企業誘致を進めました。川崎市にも企業誘致にやってきました。東芝やNECの本社を訪問するなど誘致活動を行いながら北陸地方と東京や川崎との間の大きな差を強く感じていました。大きな差を前提として誘致活動をしていたのが本当のところです。地方では川崎市に多数ある企業のうち1社でも1工場でも進出してくれれば大歓迎なわけです。しかし川崎市では多数ある大企業があまり大切には扱われていませんでした。大企業は公害をもたらす敵のように川崎市政では扱われてきました。私は後に川崎市長に就任してその大きな差を痛切に感じました。

石川県庁時代に川崎市内から誘致したものに東京ガラス工芸研究所があります。和倉温泉の先に能登島という離島がありましたが、七尾から橋がかかることになり、能登島の小学生は七尾まで通うことになりました。小学校が廃校になりましたので、その跡をガラス工芸の拠点にしようという構想が浮上しました。そこで目をつけたのが中原区苅宿にあった東京ガラス工芸研究所でした。同研究所は全国的に活躍するガラス工芸作家を多く輩出していましたから、その協力を得た能登島のガラス工芸の拠点はその後順調に発展を遂げました。私は川崎市長になってから市の職員たちにこの話をしました。しかし東京ガラス工芸研究所のことを知っている職員は全くいませんでした。地方の人たちにとってはのどから手が出るほど欲しい宝物が川崎市にはたくさんあって、しかもそれが無雑作に扱われているという実態がよく見えました。

84年12月に雪の積もる金沢市を離れ、東京で環境庁の企画調整局環境管理課長に就任しました。新設官庁のため課長はまだ他の省庁からの出向者が務めており、自治省から出向した私は自治体と関係の深い公害防止計画や環境アセスメント、環境管理計画などを担当することになりました。それまで地域開発や経済振興、財政運営など発展部門を中心に担当してきましたが、この時から「環境」ということを本格的に考えることになりました。そして知識が深くなればなるほどその重要性を深く認識することになりました。

公害対策が一段落してアメニティ(快適環境)の重要性が強調されるようになっていまし

たが、ＯＥＣＤの報告書で「日本の状態は、病気は治ったが健康は回復していない段階」と指摘されてから間もない時期で、全国的に景観の重視やまちづくりへの文化的要素の導入などが叫ばれていました。東京の田園都市のモデルになった英国の田園都市やナショナルトラストがたびたび話題になっていました。私は、世界に先駆けて産業革命を成し遂げた工業国のイギリスが何故そんなに田園志向や自然志向になったのかということに興味を持ちました。

産業革命時代の英国の歴史を調べてみて実に面白いことが分かってきました。新技術で工業製品を大量に生産する工場が増えると町ができ、労働者が集中します。労働者の住宅や生活環境の整備は後回しになり、労働者は窓もトイレもない狭い場所にスシ詰めになりながらお金をためて田舎へ送金するようになりました。工業の発展とともに労働者は待遇の改善を要求し賃上げを実現しますが、地域環境の整備は後回しになり、自然や景観は工場の増加とともに破壊されていきました。やがて経済も発展し所得も高くなってきましたが、ある時ふっと重大なことに気がつきます。品物を大量に生産して売り、お金もたまったけれども、そもそもこれは何のためだったのかと。お金のためにひどい生活環境に甘んじ健康まで害するというのは本末転倒ではないかと気がつきました。お金はそれ自体に価値があるわけではなくそれを使って何を実現するかに意味がある。そう考える人々が増加しました。

英国の産業都市では人の住む環境の改善が重視されるようになり、田園都市ブームが起こり、ナショナルトラストや庭園づくりが大きな流れになりました。私は英国の産業革命後の歴史を学び、日本も近いうちに田園志向や自然志向、文化芸術志向の時代に突入するのではないかと想像しました。

ちょうどこの頃、アメリカの心理学者A・H・マズローの欲求5段階説というのを知りました。C・I・バーナードの名著『経営者の役割』やドラッカーの豊かな時代の経営管理論のベースにもなっている欲求5段階説は、私が地域社会の将来を予測したり人事管理を実践する際の基本的な理論になっています。

欲求5段階説を基に考えてみると、人はまず生理的欲求を優先します。次に安全や安心を求めます。次に横並びや集団への帰属を求めます(社会的欲求)。次は集団の中での尊敬やプライド、自尊を求めます。そしてこれらの欲求を満たした人が自己実現を求めます。イギリス人が工業発展の後に田園志向や自然志向を強めたのは、自己実現の欲求が強くなってきて田園や自然との関りの中にそれを見つけるようになったからではないでしょうか。

経済活動のみならずすべての人間活動が環境問題につながっています。人間が生物として行動し健康で長生きすることは最も大切なことですが、それを支えるものは清浄な空気や水、豊かな自然、汚染されていない土壌など良質な環境です。科学技術が発達して世の中が便利になり、食物が豊富になり、生活しやすい都市が出現していますが、その裏には農薬問題があり、廃プラスチックの増加や自然の減少などがあります。私は、環境庁の課長に就任した直後から「目からウロコが落ちる」が如く環境問題に目覚めることになりました。

環境対策は経済発展のお荷物のように考えられてきましたが、生物である人間にとって大切なのは環境の方で、お金や便利さを追い求めるのは「流行」であって「不易」ではないと思うようになりました。道路整備が公共事業であるならば環境保全も同じ公共事業ではないかと思うようになりました。

学者への転身と川崎市長選挙

環境庁勤務の間に著書を何冊か出版し、87年4月に千葉市幕張に新設された市町村アカデミー（全国市町村職員中央研修所）の初代研修部長兼教授に就任することになりました。カリキュラム作成や講師依頼などの統括責任者を務めながら著作や論説を数多くこなし、求めに応じて全国に出かけて講演を行うようになりました。これがまさに私が大学教授へ転身する原点ともなったわけです。

研修部長を務めたのは5年間ですが、最後の2年は大学教授への転身のための準備期間にもなりました。というのは、金沢の北陸大学に新設される予定の法学部の教授として文部省の資格審査をパスしなければならなかったからです。

92年3月に25年間務めた自治省を退職し、4月から北陸大学教授に就任し、東京の公務員住宅から金沢まで通い始めました。そして9月に立ち退いて引っ越した先が川崎市多摩区中野島の新居でした。金沢まで毎週通いながら全国の市町村等での講演などもこなす忙しい毎日でしたが、大分県の平松守彦知事の一村一品運動や熊本県の細川護熙知事の地方分権論などが大きな話題になり、東京一極集中をどう是正するか、地方をどう振興するかなど講演の材料や論文のテーマがたくさんあり、お蔭で学者生活も順調に滑り出すことができました。

細川氏は93年に日本新党を立ち上げて総選挙に臨み大躍進を遂げました。同党は地方分権を公約として大きく掲げ、ドイツ方式の共同税（州と国が折半）を提案していました。しかし具体的な内容が詰まっておらず、どういう訳か知りませんが、その内容の具体化や実現シナリオの策定を私に依頼してきました。私は喜んでこれを引き受け、400字詰めの原稿50枚にまとめて党本部に提出しました。そして党の方針として雑誌に載る予定でしたが急にそれが取り止めになってしまいました。というのは、日本新党が政権党になり細川内閣が誕生してしまったからです。共同税の導入は大胆な改革ですから、細川連立政権で実現する見込みはありませんでした。

北陸大学で約束の4年間務めた後の96年、高崎経済大学に新設された地域政策学部に移りました。「地域政策」を専門とする学部は全国初でしたが、私にはピッタリの学部でしたので移ることにしました。川崎市の自宅からは日帰りも可能になりました。細川内閣の頃から本格的に動き出した地方分権改革はいよいよ具体的になり、これに関する講演やシンポジウムへの出演依頼がたくさんありました。

その高崎経済大学で地域政策研究の大学院を創設するということになり、私も博士課程を担当する教授として参加することになりました。博士課程には文部省の審査に合格したいわゆる「まる合」の教授が一定数以上必要で、私はその中に入っていました。2000年4月の大学院創設に向けて準備が進められていましたが、ちょうどその頃、01年10月の川崎市長選挙の話がチラチラと出てきていました。私は、高崎経済大学の大学院教授から川崎市長選挙に出馬することになるのではないかと思いました。

ところがこのタイミングで、法政大学社会学部の大学院に政策研究科を新設するので来てほしいという誘いがありました。00年4月の新設ですから高崎経済大学と同時期でした。法政大学に移るということになると高崎経済大学との約束を破ることになります。法政大学の社会学部は町田市で大学院は飯田橋にあり、自宅にも近く選挙の準備にも便利ですから大変迷いました。しかし川崎市長選挙は私にとっては大きな勝負ですから、次第に気持ちは法政大学に傾いていきました。高崎経済大学には特に川崎市長選挙のためを強調して説明し、法政大学への転出についてどうにか承諾を得ました。

高崎経済大学では単に法政大学へ移るための口実だと勘ぐられていたようです。それも当然のことで、私の出馬の話はまだごく少数の関係者の間だけのことでしたから、噂としても伝わっていなかったはずです。私への不信は実際に立候補する時点まで続いていたと思います。後に川崎市長になって高崎経済大学を訪問した際に、当時の学長が「阿部さんの話は本当だったんだ」と本音を漏らしました。ちなみに高崎経済大学の新設大学院については、非常勤講師として約束の課目を担当し、それを市長就任直前まで続けました。

こんな過程を経て私の川崎市長選挙への出馬の意思は固まっていきました。これをさらに具体化する動きが横浜市の自治調査研究会（苅部嘉仁氏主催）という川崎市の若手職員も参加する勉強会から出てきました。自治省の先輩の大学教授から苅部氏を紹介され、政治経済などを議論する関係を持っていましたが、その苅部氏の紹介で市の若手職員たちの勉強会の面倒を見ることになりました。彼らは川崎市の財政が危機に瀕していることを真剣に憂いていました。その姿を見て私は、川崎市政の立て直しのために立ち上がらざるを得ないかという気持ちになりました。

市の若手職員たちとの勉強会は高崎経済大学教授の頃に始まり、00年4月に法政大学に移ってからも続きました。そしてその年の秋頃から選挙に臨む準備を始めました。メンバーには私の他に苅部氏、そして若手職員のうち4人だけが内密に加わりました。しかし肝心の選挙については素人ばかりでしたから、勝つためにはその道のプロの指導や協力が必要でした。そこで協力を求めた相手が、私の住む多摩区等を地盤に若手のホープとして人気上昇中の民主党衆議院議員松沢成文氏でした。若手4人の代表者が松沢氏に相談に行きました。相談の中で誰か適任者がいないかという話になって私の名前を出したとのことでした。

若手職員の川崎市を変えたいという熱意に応えて松沢氏が協力してくれることになりました。そしてさらに市内の別の選挙区（川崎区等）から出ていた民主党衆議院議員の永井英滋氏の協力も得られるようになりました。永井氏は川崎市長選挙も戦った経験があり、日本新党出身で当時は民主党神奈川県連会長もしていました。

01年2月、私は松沢氏の紹介により市役所で出馬表明の記者発表を行いました。私の選挙を手伝う秘書として松沢氏が紹介してくれたのが氏の大学の後輩の徳安久是氏でした。徳安氏の父は鳥取県から衆議院議員に出て大臣まで務めた人で、子息も何かと政治には縁のある人でした。徳安氏は、選挙法違反にならないように常にチェックしながら秘書を務め、初回の選挙のみならず3回目まで続けて大活躍してくれました。彼は07年4月の統一地方選挙では、定数が増えた中原区の県議会議員選挙に立候補し、当選して1期務めました。

もう一人の秘書は高崎経済大学地域政策学部4年生の川村正也君でした。彼は3年生までに単位をほぼ修得してしまい、登戸にあった松沢氏の事務所に居候させてもらいながらフルタイムで選挙を手伝ってくれました。彼の父は山形県庁の職員で、私が山形県内の市町村の地域おこしを指導していた頃からの知り合いでした。長男の正也君を私のいた高崎経済大学に進学させてくれたことからさらに縁が深くなり、私が市長になってからは、私の住む中野島地区と彼の住む山形県長井市との間で住民同士の交流も始まりました。しかし残念なことに彼は、5月の連休中に長井市の自宅で倒れ、自分で救急車を呼んだとのことでしたが若くして帰らぬ人となってしまいました。

松沢氏には知人や支援者の紹介で大変お世話になり、また駅頭での演説などでも指導的な立場で協力してもらいました。私の選挙事務所の住所は自宅に置きましたが、多くの事務を松沢事務所でやってもらいました。地域ごとに担当の秘書がいて、この人たちと一緒に松沢氏の支援者への挨拶まわりをしました。松沢氏自身のための運動も兼ねていたと思いますが、知名度のない私にとっては大変有難い支援でした。

松沢成文氏（右）からの支援を受けて
川崎市長選挙へ（01年9月）

中野島地区を担当していた秘書は三宅隆介氏で、氏の働きもあって「中野島ルネッサンス」という私の後援会ができました。会長には地元で生花店などを経営している石井利也氏が就任しました。このグループが長井市との交流の中心になりました。そして三宅氏は川崎市議会議員に当選して活躍することになりました。

松沢氏の当時の秘書のうちには他の地域で議員になった人もいます。私の後に川崎市長になった福田紀彦氏も当時の松沢氏の秘書でした。その後宮前区選出の神奈川県議会議員となり、09年10月の市長選挙で当時の民主党政権を背景に私と戦いました。その時は破れましたが私の退任に伴う4年後の選挙で自民党、民主党、公明党が推す候補に勝って川崎市長に就任しました。

「中野島ルネッサンス」と福島県人会

松沢氏の秘書の三宅氏の案内で多摩区内を挨拶まわりしているうちに支援者も確実に増えていきました。そして私の住む中野島地区において後援会を結成しようということになりました。もともとは小泉純一郎氏の地盤で自民党の強い地域でしたが、後援会の結成には自民党の関係者も参加してくれました。政治に関してはなかなかまとまりにくい地域だったようですが、市長選挙ということもあり、また私自身が新住民だったことも幸いして幅広い参加者によって後援会「中野島ルネッサンス」が結成されました。この名称は、私の政治団体が「川崎ルネッサンス」だったことからつけられたものです。

私が出馬するに当たって政治団体の名称を「川崎ルネッサンス」とした理由は3つあり

ました。1つ目はもちろん川崎の再生です。経済面での沈滞と財政面の危機を何とか打破しなければと考えました。2つ目は、福井県武生市で知人が「武生ルネサンス」という地域文化振興のための市民活動を主催しており、それを北陸大学教授時代から支援してきたことです。3つ目は、環境庁の課長時代に北九州市が「環境」をテーマに活性化を図る「北九州ルネッサンス」という政策を進めており、それを推奨してきたことです。

「中野島ルネッサンス」は、古くからの地元の有力者の若手世代を中心に結成され、石井利也会長を中心に様々な応援活動を展開してくれました。そして私とこの後援会をつなぐ連絡役には「川崎ルネッサンス」の事務局を担っていた私の秘書の徳安久是氏が当たることになりました。しかし実際に会合を開いて関係者が集まってみると男性ばかりであり、私の妻だけが女性というスタートでした。そこで女性たちの会も必要ということになり、「ミモザの会」というのができました。最初の会合の際に妻が「ミモザ」が好きだと言ったことがきっかけのようでした。グリーンハウスという石井氏の生花店での「ミモザ」をめぐるやりとりが話題になり、それでは会の名前もそれがいいとなったようです。会長には鹿山幸恵氏が就任し、最初の選挙から13年に市長の任期が終わるまで長い間このグループの応援を受けることになりました。

「ミモザの会」は川村正也君の出身地の山形県長井市の有志との交流でも活躍し、7月末に毎年開催されることになった「中野島音楽祭」では長井市からやってきた人たちを手伝い、農産物や玉コンニャクの販売なども行いました。「中野島音楽祭」は、私が04年から音楽のまちづくりを市全体で始めたことにあやかり、石井利也氏はじめ中野島商店街の人たちが中心になって始めた夏の暑い盛りのお祭りです。

09年の私の3選目の選挙は落選するかもしれないという厳しい選挙になりましたが、この時に大活躍してくれたのも「中野島ルネッサンス」と「ミモザの会」の皆さんでした。民主党政権をバックにした福田氏の勢いが強く、自民党からは市連会長で元市議会議長の原修一氏が出馬するという選挙でした。私の選対本部長を務めてくれる有力者がいなくて石井利也氏が中野島のみならず全市対象の本部長を務めてくれました。

このようにして私を支援してくれる人たちは徐々に増えていきましたが、01年の最初の選挙の前は、住まいが市の北端の多摩区でしたから、南の方の中原区や川崎区まではなかなか広がっていきませんでした。そんな時に福島高校の後輩で音楽家の佐藤宏之氏が中原区で神奈川フィルハーモニー管弦楽団を指揮するという話が舞い込んできました。そして彼は中原福島県人会長を知っているというので早速紹介してもらいました。会長の渡辺好孝氏は神奈川県立高校の元教師で幅広い人脈を持つ人でした。朝顔の研

後援会「中野島ルネッサンス」は石井会長（左）を中心に様々な応援活動を展開

究でも名の通った人で、氏の紹介で県人会に加入するなど知り合いも増えました。

川崎市内には4つの福島県人会がありました。中原のほかに川崎福島県人会、幸福島県人会そして多摩福島県人会ですが、私の住む多摩の会長は共産党の支援者で私は親しくなることはできませんでした。私の当選後に会長が建設業を営む酒井利通氏に代わってから私も会員になりました。酒井氏は中野島商店街の会長を務めるなど地域でも活躍し、また同業者の会でも活躍しましたが、私にとってはむしろカラオケ仲間でした。酒を飲まない酒井氏に車で酒場から自宅まで送ってもらうことがしばしばありました。

川崎福島県人会にも加入しましたが、紹介者は当時神奈川県議会議員だった武田郁三郎氏でした。武田氏は社会党の議員で現職の高橋清氏の支援者でした。私を川崎市長にと動いた4人の市役所若手職員の中に船橋兵悟氏という組合活動関係者がおり、彼が武田氏と親しかったので私を武田氏に紹介してくれました。武田氏は私が市長選挙に出馬することを全く知らずに福島県人会に紹介してくれたと思います。武田氏は福島瑞穂氏から川崎の父と慕われており、最後まで福島氏と行動を共にしました。

川崎福島県人会長は冨田吉五郎氏で、川崎区大島で長く町内会長を務めた名士でした。話を聞くと出身は福島市大森で、もともとの菩提寺は土湯温泉の下流の佐倉の長勝寺だとのことでした。私の父の姉は大森の冨田家に嫁いでおり、法事の折には大森の冨田家から出席者がいたことを思い出しました。福島市庄野の私の実家の菩提寺も長勝寺です。

私は有難くも不思議な縁を感じましたが、冨田氏にしてみれば思いもよらないハプニングだったと思います。冨田氏は自分の親戚として私を紹介してくれました。地区の顔役の冨田氏の案内による地域まわりは大変心強く、氏と一緒に動くたびに支援が広がるのを感じました。

川崎福島県人会には武田氏のほかに元市議会議長の野村氏(自民党)、現職の市議会副議長の佐藤忠次氏(民主党)が出席していましたので、この人たちからの支援があったら助かるのにと思いましたが、それは叶いませんでした。幸福島県人会長の佐藤昌司氏も出席しており、氏がクリーニング店を出していた幸区鹿島田の商店街を氏に案内してもらうことになりました。

選挙が近くなって最初に設けた事務所が鹿島田商店街のはずれで南武線に沿った大通りに面しており、そこを拠点に活動を開始しました。選挙の直前には川崎駅西口地区の商店街に移しましたが、最初の事務所の近くの長寿庵というそば屋には市長になってからもしばしば立ち寄ることになりました。

ねじれた政党からの支援

川崎福島県人会に私を紹介してくれた県会議員の武田氏、県人会で知り合った市議会議員の野村氏、佐藤氏は市長選挙で私の支援にまわることはありませんでした。みんな現職の高橋清氏を支援しました。自民党川崎市連も民主党川崎市連も現職支援で、野村氏は自民党川崎市連の会長でした。しかし民主党神奈川県連は会長の永井英滋氏と松沢氏の働きかけにより私を支援することになりました。また県会議員の梅沢健治氏を会長とする自民党神奈川県連も選挙の直前になって私への支援を決定してくれました。そして最後に大きな力になったのが公明党でした。

松沢氏からの支援は有権者に対しては大きな効果がありましたが、民主党との関係ではマイナスになりました。氏のたびたびの刺激的な発言が物議をかもし、その松沢氏が押し立てる候補だからという理由（多分に口実）で民主党も連合も引いてしまうという状況でした。その民主党川崎市連では、現職の高橋氏が76歳と高齢で4選目ということもあって他の若い候補を探し、何人かの大学教授を検討したようでした。なかなか話がまとまらず、高橋氏は阿部以外の大学教授なら譲ってもいいと言っていたようですが、結局は本人が4選を目指して出馬することになったようです。選挙まで5カ月を残した5月のことでした。

私は2月にすでに出馬表明していましたから、高橋氏の出馬表明によって両者の対決の構図は明確になりました。とは言っても、2月に記者発表した時点では私の知名度はゼロに近い状態でしたから、強い現職に挑むマイナーな候補という感じだったと思います。イベントやお祭りの会場に顔を出してもあまり目立たず、名前と顔を売るのに大変苦労しました。背は低いし、気取らないのが私の長所と思っていたのがマイナスに働き、候補者としてのインパクトが弱かったようです。早めにプロのスタイリストを頼めばよかったのにと反省しました。パフォーマンスはもともと嫌いでしたから、自分をスルメに例えて噛めば噛むほど味が出る人間と自己紹介することもありました。

民主党神奈川県連会長の永井氏は、連合関係者の支援を得られるようにいろいろと骨折ってくれましたが、連合は高橋氏支援で固まっており、かえって永井氏と連合の関係を引き裂く結果となってしまいました。そして結局、民主党神奈川県連は連合と対立する形で私への支援を決定してくれました。永井氏はかつて高橋氏と市長選挙を戦って負けた経験があり、私への支援には特別の思いがあったのではないかと思います。敗戦後に日本新党から出て国会議員になっていました。

自民党川崎市連も現職の高橋氏支援でした。自民党関係者に知人がおらず、しかも自民党から飛び出した松沢氏と行動を共にしていた私を積極的に支援するはずもありません。しかし、自治省の先輩の石原信雄氏が自民党神奈川県連会長の梅沢健治氏と旧知の関係にあり、石原氏から私は梅沢氏を紹介してもらいました。梅沢氏は松沢氏がバックにいるから支援できないという話でした。自民党から飛び出して国会議員になった松沢氏は裏切者扱いをされていました。その頃すでに自民党川崎市連が高橋氏支援だという方針は県連でも確認済みだったようです。

その一方で自民党神奈川県連は揺れていました。30年前に市職員組合から出て現職を破った伊藤三郎市長、その後を継いだ市教職員組合出身の高橋清市長はどう見ても自民党とは距離があったようです。しかし後に参議院議員になった斎藤文夫氏、衆議院議員になった永井英滋氏が挑戦して破れてきたために、自民党は弱気になっていたようです。

選挙まであと1カ月となった01年9月11日、アメリカで同時多発テロが起こりました。この頃から急に自民党に変化が起こりました。県連の会合で民間人の持田丞氏と佐藤能夫氏が阿部支持を強く主張し、県連の中に私を支援する新しい流れが出てきました。高橋氏は基本的に自民党とは相容れないという意見が強くなり、梅沢会長は県連として阿部を支援するという決定をすることになりました。梅沢会長を中心とする自民党神奈川県連は、嫌っていた松沢氏と阿部支援で共闘することを決定してくれたわけです。

これに呼応して川崎市議会の自民党でも変化が起こりました。現職支援で固まっていた18人の議員の中から5人が造反して阿部支援にまわってくれました。知名度がゼロに近かった私にとっては大変有難い援軍になりました。そしてさらに、公明党もまた最終的に阿部支援を決定してくれました。市川雄一氏と松あきら氏の2名の国会議員に県会議員1名、10名の市議会議員、そして53歳で創価学会副会長だった前田国重氏を中心に強力な支援をいただきました。選挙期間中は街宣車が行く先々で多数の支援者に集まってもらい、大変心強く感じました。「趣味はカラオケ」と公言していたため街頭で歌えと促され、ついつい「皆の衆」を歌ってしまいましたが、関係者から浮かれ過ぎだと注意されました。プロが歌うと供応ということで違反になるようです。

10月8日に選挙の初日を迎え、しばらくは街頭の反応もいまいちでしたが、なか日の日曜日あたりから急に反応が良くなりました。車に向かって手を振ってくれる人が日ましに増えました。自転車に乗った茶髪の女子高生たちが手を振ってくれたのには感動すら覚えました。マスコミの報道では私が追い上げて高橋氏と横一線になったとのことでした。

10月21日の投票の結果は、私が12万7000票で当選、現職の高橋氏が10万票で次点、共産党推せんの元市局長が7万票、他の2人は3万票以下ということでした。政令市で新人が現職を破ったのは初めてとのことでした。しかしその半年後に横浜市で中田宏氏が現職の高秀秀信氏を破ったのをはじめ、新人が現職を破る例は増えました。

選挙期間中には松沢氏と中田氏に私の両脇に立ってもらって街頭演説をしたことがありました。2人とも私より背が高くて若く、実に見ばえのいい国会議員でしたので、私は真ん中に立って何を話そうかと考えました。とっさに思いついたのが水戸黄門でした。水戸黄門になぞらえて話したことを古くからの友人がよく覚えていて、後々まで酒の席での話題になりました。中田氏は私が川崎市長になった半年後に横浜市長になり、松沢氏はさらにその1年後に自民党推せんの候補を破って神奈川県知事になりました。

趣味はカラオケ

日本ではオイルショックを経て貿易黒字が累積するようになった頃から「心の豊かさ」が叫ばれるようになりました。世界第2位の経済大国になったのに国民はアメニティのない狭い住宅で貧しい日常生活を送っていると欧米から指摘されるようになりました。地方自治体では「国際化」や「国際交流」「文化行政」がもてはやされるようになり、私もそれをテーマに講演することが増えました。私が特に力説したのは「先進国型国際化」や「先進国型文化振興」でした。明治維新は発展途上国である日本がモデルを東洋から西洋に切り替えた90度の転換だったが、最近の変化は発展途上国から先進国への180度の転換だから、その大転換に対応する必要があるというのが私の持論でした。

先進国は科学技術でも文化芸術でも物真似から脱却してオリジナルなものを世界に提示することが求められ、その役割を果たすことによって国として定位するというのが私の持論でした。当時、日本のオリジナル文化で世界的に評価されていたのは浮世絵が筆頭で、能や狂言、歌舞伎もありましたが、世界的な広がりという意味ではカラオケが突出していました。カラオケを文化と言うかどうかは別にして国際貢献度はナンバーワンでした。私は「カラオケ文化論」という講演を行い、日本はカラオケを誇りに思うべきだと主張しました。

こうした流れの中で私は、川崎市長選挙において「趣味カラオケ」を堂々と表明したわけです。しかし世間では必ずしも私の考えは主流ではなかったようです。公明党の方々への自己紹介で「趣味カラオケ」と書いて出しましたところ、一般に配布されたチラシでは「趣味音楽」となっていました。お任せはしましたが、私にとってはやや不満が残りました。

最近ではカラオケに次ぐ日本のオリジナル文化が増えてきて、それがクールジャパンとして外国人の人気を博しています。日本食が世界遺産に認定され、アニメやコスプレが世界に大きな影響を及ぼしています。

私はもともと演歌は好きでした。子どもの頃にラジオからよく春日八郎や三橋美智也の演歌が流れていました。美空ひばりや島倉千代子の歌も聞きました。しかし学校では最も不得意な科目が音楽でした。好きにもかかわらず能力がなかったのかもしれません。昼になるとほぼ毎日古関裕而の音楽が流れていました。NHKラジオのドラマ「君の名は」が大人気だったことはよく知っていますが、作曲者の彼が身近かな福島市出身だということはあまり意識していませんでした。

大学に入学した頃は村田英雄の「王将」や「人生劇場」をよく耳にし、コンパで自ら歌うこともありました。北島三郎が「なみだ船」で日本レコード大賞新人賞を受賞し、一躍スターになったのもこの頃です。駒場の寮仲間の間では、彼を渋谷の飲み屋で見たという話も広がっていました。舟木一夫の「高校三年生」もこの頃で、巷間では東京オリンピックが最大の出来事になっていました。三波春夫が歌うオリンピック関連の歌がそこかしこで流れていました。

駒場時代の2年間は弁論部に所属していましたが、この部は一高時代の名残りで2年間でひと区切りになります。本郷の法学部に進学してからは法律相談所という部活動に参加しました。ここの同級生の中に後に小椋佳として活躍する神田紘爾氏がいました。

1963年11月、弁論部長として京都大学との交換弁論大会のために京都市へ行きました。京大生の下宿に泊めてもらって大会当日の23日の朝を迎えました。日米間の衛星通信が開始する日でした。最初にアメリカから入ってきたラジオのニュースはケネディ大統領の暗殺でした。65年5月、法学部3年生になって法律相談所という部活動のメンバーとして学園祭（五月祭）で行う模擬裁判に参加しました。出演ではなく検察官の読む論告文を書く裏方でした。テーマは製薬会社の人体実験で、被告人になったのが神田紘爾氏でした。背が高くやや太っていて貫禄十分の社長役でしたが、彼には有罪判決が下されました。ある時彼が作った曲がラジオで放送されるというので聞いてみました。しかし演歌全盛の時代でしたから私の耳には全くピンときませんでした。その彼が10年後には「シクラメンのかほり」でレコード大賞を取るなどとは想像すらできませんでした。

「シクラメンのかほり」が日本で人気になった頃彼はニューヨークにいて、謎の作詞・作曲家と言われていたようです。私はサンフランシスコで日本国総領事館に勤務していました。妻は「シクラメンのかほり」の詞が気に入り、小椋佳なる謎の人物のファンになりました。76年6月に私は帰国し、横浜市金沢区にある公務員住宅から京浜急行で東京まで通いました。ある日電車の中で週刊誌を読んでいたら小椋佳という名前が出ていました。妻がファンになったという小椋佳だなと思ってよく見ると「小椋佳（本名神田紘爾）」と書いてありました。このことを自宅に帰って話したら妻は大喜びで、彼と同級生の私は大いに株を上げることになりました。妻は彼の作品の言葉使いを高く評価していました。

この頃から日本ではカラオケが爆発的な広がりを見せました。「シクラメンのかほり」のお蔭で私のレパートリーも少し広がりました。77年4月からの茨城県庁勤務の頃はよく2次会でカラオケバーに行きました。あまり上手にはなりませんでしたが、歌える曲の数はどんどん増えていきました。カラオケバーはサラリーマンの社交の場として主流になっていったように思います。茨城県庁から自治省に戻ってからも、その後の自治大学校での地方自治体からの研修生との付き合いでもカラオケが大きな役割を果たしました。

87年4月から勤務した市町村アカデミーでは、カラオケは「日本発の国際的文化」で浮世絵に勝るとも劣らない文化だという持論を述べました。シャンソンやカンツォーネが日本に入ってきたように、今やカラオケが先進国の文化として世界に普及しているというのが私の持論でした。市町村アカデミー勤務時代はヨーロッパ、東南アジア、オーストラリアなどに旅行する機会がありましたが、どこへ行ってもすでにカラオケバーがありました。

現代日本を代表するオリジナル文化がカラオケだけでは寂しいという気持ちも込めて私は「カラオケ文化論」を展開してきました。しかし最近はクールジャパンの名のもとに多くのオリジナル文化が世界で評価されるようになり、日本もいよいよ本格的な先進国になってきているのかなと思えるようになりました。インバウンド旅行者の増加も同じ流れだと思います。

川崎市長時代に「趣味カラオケ」と公言したお蔭で、現職市長として堂々とカラオケ酒場やカラオケボックスに出入りすることができました。それがもし咎められるようなことがあったら「カラオケ文化論」を展開するつもりでしたが、結局その必要はありませんでした。

厳しかった3期目の市長選挙に勝利

2001年の最初の選挙では市内の有力者はほとんどが現職の高橋氏を支援していましたが、結果的に見ると内心ではいろいろと複雑だったのだと思います。投票日の1週間前になってマスコミは横一線と報じましたし、街頭で私の選挙カーに手を振る人が急に増えました。後援会としてまとまっていたのは「中野島ルネッサンス」くらいで、本格的な後援会はできていませんでした。そんな中で渡辺組の渡辺達夫社長が比較的に知名度があったことから、渡辺氏に後援会長になってもらいました。氏は文化活動で活躍しており、ニッポン放送の塚越孝アナウンサーはじめ氏の知人の文化人が私の応援にまわってくれました。渡辺氏は、川崎区など市南部に弱かった私にとっては、福島県人会と並んで強い味方になりました。他に私に好意的だったグループには原田義昭議員をかつて応援していた人たちがいました。この人たちのお蔭で立派な選挙事務所を川崎駅の西口に開くことができるようになりました。こういったことが重なって私は勝てたのだと思います。

市長に就任してからしばらくは渡辺会長を中心とする後援会をそのまま維持しましたが、現職市長になると支援者が急に増えてきて、非主流だった渡辺会長では落着きが悪くなってきました。そこで渡辺氏には不満だったと思いますが、さいか屋関係の代表者だった岡本徳彌氏を会長とする新たな後援会をつくることにしました。

岡本氏を会長とする新たな後援会の事務局長を誰にお願いするかは市の新たな三役人事との絡みがありました。高橋市政で長く助役を務めた深瀬幹男氏の後任に信用保証協会の会長をしていた元総務局長の東山芳孝氏を充て、元建設局長で親分肌の佐藤美好氏を収入役にと考えましたが、収入役には健康福祉局長だった柏木靖男氏を充て、その後任に畑違いの消防局長をしていた石野厚氏を充てて新陳代謝を図りました。こんな流れの中で技術系の親分肌だが手堅い佐藤美好氏に後援会の事務局長をお願いしました。

後援会長の有力な候補に川崎市医師会長がいましたが、医師会には市から多額の補助金が支出されていましたから市政の公正を期すために医師会長に会長をお願いすることは避けました。高橋市政の頃は医師会長が後援会長を務めていましたから、医師会長は私に対して不満を持ったと思います。岡本会長に対する批判や私の2期目の選挙への不穏な動きなどが聞こえてきました。私が進めようとした行財政改革では癒着や我田引水を排除することは大変重要なことでした。

阿部たかお後援会は、岡本徳彌会長、佐藤美好事務局長の体制の下に会員を拡大していきましたが、現職市長の強みで市内の有力者が次々と会員になってくれました。前市長の時代に中心になっていた有力者たちとはなかなか一体になれませんでしたが、次の2期目の選挙で再選された後は、大きな隔たりはなくなりました。

2期目の05年の選挙は共産党を除く各政党の支持を得て共産党推せんの候補と戦って圧勝をおさめました。とは言っても相手候補は14万票も取り、その半分は私を推せんした政党関係の票だったようです。私の票は約22万票で、私が進めた厳しい行財政改革に同調できない有権者がかなり多かったことを示していると思います。また参議院議員の補欠選挙も同時でしたから、自民党も民主党も対立しながらの私への支援で、それも影響したかもしれません。

「川崎ルネッサンス」による市長就任1周年を祝う会。
中央は、あべたかお後援会会長の岡本徳彌氏

それから4年が経って09年に3期目の選挙を迎えることになりましたが、これがまたすさまじく厳しい選挙でした。チェンジ旋風が吹き荒れて、各地で年輩の現職市長が破れていました。アメリカでチェンジを訴えたオバマ大統領が誕生し、日本では民主党政権が誕生していました。横浜市では中田市長の辞任で総選挙と同日になった市長選挙で民主党推せんの林文子氏が自民党推せんの中西健治候補を破り、民主党鳩山政権は絶頂を迎えようとしていました。市長選挙では、小沢一郎幹事長の意向で相乗りを廃して単独候補を出すとの方針を示しました。私は3選目出馬に当たって連合からの支持表明をすでに得ていましたから、民主党神奈川県連が候補者を公募するというので、それに手をあげました。ところがそれからが大変でした。民主党神奈川県連は若い県会議員の福田紀彦氏を候補に決定しました。自民党と公明党は、民主党に手をあげた私を支持するわけにはいかなかったようで、独自候補の人選を始めました。そして結局は自民党市連会長だった元市議会議長の原修一氏が出馬することになりました。私は2期目で相乗り候補だった関係で各政党から等距離を保ち、市民党を名乗っていましたが、こんな形で各政党から梯子を外されることになってしまいました。

結局候補者は共産党推せん者を加えて4人になりましたが、各党から見離された私が勝つとは思っておらず、福田氏も原氏もかなりの鼻息でした。私の陣営では選挙対策本部長を務めてくれる大物がおらず、やむなく「中野島ルネッサンス」の石井利也会長に務めてもらいました。「ミモザの会」の女性陣もフル回転で応援してくれました。連合神奈川の野村芳宏会長は何度も小沢一郎氏に阿部支持を働きかけてくれましたが、小沢氏は民主党神奈川県連支持を変えませんでした。従って連合は民主党と決別する形で私の選挙を応援することになりました。

私は2期目の選挙で政党の支援が必ずしも票につながるものでないことを体験していましたから、ひたすら有権者と接触して支持を訴えることにしました。ほとんど街頭に出ていたので選挙事務所が活気のないひどい状態だったことを知らないままに投票日を迎えることになりました。多くの人たちが私の落選を予想して事務所に近寄らなかったようです。しかし街頭での反応はとてもよく、私は自信を持って臨んでいました。ある大物から何で市長はこんな選挙で堂々としていられるのか不思議だという言葉が出ていたそうです。

私は有権者との直接接触に重点を置いていましたから、連合の若いメンバーが私の脇にいてくれたことを大変有難く思っていました。66歳の私だけでは若い有権者へのアピールが足りないことを十分に自覚していました。応援の若い人たちが帰ってからも私だけ駅頭に残る日がありました。

支援者から選挙用葉書をまとめて持ってきて欲しいとの連絡があり、多摩区の住居表示が分かりにくい地域に行って道に迷ってしまいました。なかなか辿り着けずに通りがかりのそば屋に寄って休もうとしました。入ってみるとそこではそば屋さんの組合の会合が開かれており、事情を話しましたら皆さんが私の応援に立ち上がってくれました。犬も歩けば棒に当たると言いますが、候補者も歩けば票に当たると言ってもいいのではないかと思いました。

民主党の福田候補の応援には鳩山総理、菅大臣、前原大臣など当時の日本の主役が続々とやってきました。まさに飛ぶ鳥を落とすような勢いでしたが、有権者の間では、ところで市長候補はどの人？　との声があったようです。この選挙で勝ったのは私で、民主党の勢いに乗った福田氏は次点、自民党の原氏はその次、最下位は共産党推せん候補でした。

私の当選を知って多くの人たちが私の選挙事務所に祝いにやってきました。選挙運動中は閑古鳥が鳴いていた私の事務所に再び活気が戻ってきました。選挙とはこんなものだと私は軽く考えていましたが、私の妻や慣れていなかった石井利也会長などは大変なショックを受けていたようです。

この選挙で次点になった福田紀彦氏は、4年後の川崎市長選挙で当選して市長に就任しました。

4期目の出馬問題と後継者問題

川崎市長3期目の終わり頃、後継者問題が話題になりました。国では民主党政権が倒れて自公政権になっていましたから、市政でも自民党による人選が中心になりました。一方では私に4選出馬を求める声も大きくなり、人選は難航しました。私は3期目の厳しい選挙で最後の仕上げを訴えて何とか当選した状態でしたから、後のことは考えていませんでした。それに1期目で定めた条例で市長は3期までと決めていましたから、自分からこれを破るつもりはありませんでした。

世の中不思議なもので、自分からやると言うと足を引っ張る人が増え、やめると言うとやれと言う人が増えるようです。役人時代からもともと政治には関心がありましたが、政治家になる意思を捨てて学者に転身しましたら、かえって候補者として名前をあげられるようになりました。北陸大学教授の頃、石川県で社会党が民主党石川に衣替えする手伝いをしましたが、30年以上知事を続けた中西陽一氏が他界し、その後を決める知事選挙に民主党石川が私を推せんすると言ってきました。国で社会党は細川政権の与党で、私は日本新党の財政政策案づくりの手伝いもしていましたし、県民アンケートでは私が候補者条件にピッタリだったようです。しかし私は辞退し、副知事だった谷本正憲氏を推せんしました。

川崎市長選挙では私に4期目出馬を求める声が強くなり、マスコミもかなりの関心を示しましたが、政党の間からは全くその声はありませんでした。条例で3期までと決めていましたから、そのつもりで必死で市政改革に取り組んできました。市民との距離を縮めるために一緒に酒を飲み、カラオケも歌ってきました。正直言って同じことをさらに4年間続けることはできないと思っていました。3期目までで財政健全化という目標も達成できる見通しをつけ、大胆な行財政改革も進み、能力主義・努力主義の人事評価システムも軌道に乗せましたので、私の後は誰が市長になっても市の役人たち(官僚機構)に任せておけば市政はうまくいくという状態になっていました。自分で定めた条例に反したり条例を改正したりまでして市長を続ける気はありませんでした。

後継候補として私は長い間私を補佐してくれた若手の副市長を内々推せんしましたが、自民党幹部から拒否されてしまいましたので、それ以後は後継人事について私の出る幕はなくなってしまいました。マスコミからは私自身の出馬の可能性についてしきりに聞かれるので、議会が条例を廃止してくれたら出馬してもいいと答えました。それはすなわち議会の半数以上が私の出馬を支持してくれることを意味します。しかしそんな動きは全く見られませんでした。

自民党を中心とする人選が混迷している間に、前回民主党政権をバックに出馬して私に負けた福田紀彦氏は着々と有権者の間をまわって運動を続けていました。政党からの支援は受けず、参議院議員になっていた松沢成文氏の支援でがんばっていました。福田氏はかつて松沢氏の秘書でした。

私は政党による候補者選びには加わらず、私自身の出馬もないと判断して8月末にデンマークとの交流事業のためにコペンハーゲンに出張しました。自民党の浅野文直議長、公明党の菅原進議員、山田商工会議所会頭たちと合流し、環境対策、福祉施策、デザインなどをテーマに交流を深めました。帰国して間もなく、選挙まで1月半と迫った9月初旬になってようやく元川崎市財政局長の秀島善雄氏を統一候補とすることが決まりました。元参議院議員の斎藤文夫氏が責任者となり、菅義偉内閣官房長官と相談して最終的に決めたとのことでした。

秀島候補は自民党、公明党、民主党の相乗りでしたから、関係者の間では選挙前から勝ったような雰囲気が漂っていました。秀島氏は総務省から川崎市に出向してきて財政局長を務め、すでに総務省に戻っていました。選挙の経験はなく本人もビックリしたと思いますが、支える方の政党も責任者がはっきりせず、横浜市の菅氏の事務所から川崎市にやってきて世話をするという状況でした。秀島氏の知名度がゼロに近いことを失念し、各党が相乗りで支援していることで油断してしまったようです。終盤になって私にも応援依頼がやってきて、秀島候補の応援に乗り出しましたが、この時すでに微妙な雰囲気が漂っていました。

福田陣営は、松沢氏中心に官僚批判を声高に繰り返していました。官僚政治が続いているから川崎市は駄目になったというようなことを繰り返し叫んでいましたから、市民の間では川崎市政は駄目でそれは官僚政治のせいだと思い込んだ人も少なくなかったと思います。これが効いたのかどうかは分かりませんが、圧勝と思われた秀島氏が負けて福田氏が勝ちました。たったの1500票の差でした。

官僚批判を声高に訴えて当選した福田紀彦市長が、川崎市役所の官僚たちをどう扱うかは、市政を本当に駄目にするか否かの決め手になります。「行政は科学」ということを私は12年間に渡って職員たちに植えつけてきました。市長の顔色に左右されずに合理的に判断して科学的に施策を実行するために目標管理方式の新人事評価制度を導入しました。このシステムが機能すれば市長が口出しをしなくとも4～5年は市政がうまくいきます。皮肉なことですが、官僚批判で当選した福田市長が官僚機構に丸投げさえしていればしばらく市政がうまくいくという構図になっています。

市の官僚たちに任せておけば、キングスカイフロントが見る見る間にライフイノベーションの拠点として発展し、等々力陸上競技場のメインスタンドが完成し、教育文化会館と体育館に代わる文化スポーツ施設が完成し、溝の口駅南口の整備が完成し、川崎駅に北口改札と自由通路ができ、武蔵小杉駅の北口近くにコンベンションホールが完成し、ごみ処理事業や水道事業の大きな改革が実現するといったようなことがほぼ自動的に進んでいくことになります。これらはすべて官僚批判をして当選した福田市長の功績になります。

官僚機構は国においても市においても最大のシンクタンクです。この機構が合理的科学的に諸課題を分析しその解決案を策定する限り行政は安定し能率も上がります。私は川崎市長としてそれを実現しようと努力してきました。川崎市の官僚機構が合理的科学的に機能し続け、私の後の福田市政を市民の目線で支え続けてくれることを期待しています。

阿部市政の3期12年で川崎市は大きく変わったと言われますが、私はただ、川崎市の歴史や地理的条件を最大限に有効活用し、行政として本来あるべきことを地味に愚直に実現してきたに過ぎません。常に合理的科学的な判断を優先させてきましたから、心ある人が担えば結果は同じになると思います。学者としての阿部はそのように考えます。

資料　阿部市政における主な施策と実績

〈行財政改革〉

02年度
・財政危機宣言
・行財政改革プランの発表
・タウンミーティングの開催（全7区）

03〜05年度
・1214人の職員削減
・125の役職ポスト削減
・出資法人5法人の廃止
・特殊勤務手当20種の廃止、27種の見直し
・市長、助役、収入役、議員のボーナスカット
・管理職手当のカット
・退職手当の支給率の削減
・退職時特別昇給の廃止
・敬老祝い金の縮減
・敬老無料バス乗車証への一部負担の導入
・市民保養所の廃止
・在宅高齢者介護援助手当の縮減
・生活保護受給者夏季年末慰問金の廃止
・地下鉄事業の着工5年間の延期
・新規建設投資事業すべての着工3年間の延期
・川崎港コンテナターミナル株式会社（KCT）の破産処理

改革効果額
03年度　144億円
04年度　232億円
05年度　320億円

（04年度）
・新人事評価制度の試行開始

（05年度）
・第2次行財政改革プランの発表

06〜08年度
・964人の職員削減
・指定管理者制度の導入（08年4月までに186施設）
・180の役職ポスト削減
・出資法人2法人の廃止
・塩漬け土地保有額の縮減（2153億円から894億円へ）
・水道事業7営業所を2センターへ
・バス事業の給料・手当の縮減
・特殊勤務手当22種の廃止（残13種へ）
・職員給料の引き下げ（4・8％）

改革効果額 （05年度） （08年度） 09〜11年度	・市長等特別職の給与引き下げ ・PFI事業手法の導入（はるひ野小・中学校の新設、多摩スポーツセンターの新設） ・結婚式場の廃止（全2カ所） ・老人医療費助成の縮減 ・中学校の統合（2校を1校へ） 　06年度　405億円 　07年度　504億円 　08年度　581億円 ・病院事業に地方公営企業法を全部適用、病院事業管理者を新設（初代・武弘道氏） ・第3次行財政改革プランの発表 ・409人の職員削減 ・指定管理者制度の導入（186から197施設へ） ・出資法人の役員31・7%の削減 ・派遣職員215人の引き上げ ・保育所の民営化（11カ所） ・塩漬け土地保有額の縮減（894億円から282億円へ） ・水道事業と下水道事業の統合（上下水道事業へ）

改革効果額 （09年度） （11年度） 12〜13年度 改革効果額	・市税事務所の統合（7カ所から3カ所へ） ・小学校の統合（4校を2校へ） 　09年度　629億円 　10年度　671億円 　11年度　702億円 ・水道料金引き下げ ・第4次行財政改革プランの発表 ・354人の職員削減（03年度から累計2941人） ・保育所の民営化（11カ所） ・特殊勤務手当1種の廃止（残12種へ） ・出資法人の役員の削減（累計削減47・7%） ・塩漬け土地保有額の縮減（282億円から171億円へ） 　12年度　752億円 　13年度　787億円 ・水道事業の大幅ダウンサイジングに着手 　給水量1日100万トン体制から75万トン体制へ 　改革効果額　年間約50億円を予定 ・ごみ処理事業の大規模改革に着手

廃プラスチックとミックスペーパーの分別収集で大幅減量化
焼却処理場4カ所から3カ所体制へ
改革効果額　年間約18億円

◎3期12年間の行財政改革のトータル効果

・職員削減数　2941人（1万6143人から1万3202人へ18・2%）
・一般会計の人件費削減額　年間923億円から667億円へ（27・7%）
・特殊勤務手当の廃止　43種（55から12へ）
・改革効果額の累計　5727億円
・塩漬け土地の処理額　1982億円（2153億円から171億円へ）

16年度
▼水道事業の改革で日本水道協会の「水道イノベーション賞特別賞」を受賞

〈音楽・文化スポーツ〉

02年度
・東京交響楽団とフランチャイズ提携
▼川崎フロンターレが市民球団へ

03年度
・川崎駅西口文化ホールの名称を「ミューザ川崎シンフォニーホール」と決定
・「川崎市市民文化大使制度」を創設
・「川崎国際友好使節制度」を創設

04年度
・「音楽のまち・かわさき推進協議会」発足
・ミューザ川崎シンフォニーホール開館（7月1日、市制80周年）
▼ベルリンフィル、ウィーンフィル等が初公演
・アジア交流音楽祭の初回開催
・交流の響き（神奈川新聞社と共催、地方新聞社推せんの若手音楽家）の初回開催
・「ホームタウンスポーツ推進パートナー制度」を創設
▼川崎フロンターレJ2優勝、J1昇格

05年度
・川崎市文化振興条例施行
・フェスタサマーミューザ（首都圏有名楽団の勢揃い）の初回開催
▼カワサキ・ストリートミュージックバトル開始

06年度
・「かわさきミュートン」が音楽のまちのマスコットキャラクターに
・宮前スポーツセンター開館（市内6カ所目）
07年度
▼昭和音楽大学が麻生区新百合ヶ丘に移転開学（オペラホール付き）
・川崎市アートセンター開館（アルテリオ小劇場・アルテリオ映像館）
・「しんゆり芸術のまちPR委員会」発足
・アメリカンフットボール・ワールドカップ川崎大会（日本初）開催
・等々力陸上競技場の整備（国際規格へ）完了
08年度
・スーパー陸上（北京オリンピック代表選考会）等々力で開催
・「映像のまち・かわさき推進フォーラム」発足
09年度
・川崎・しんゆり芸術祭「アルテリッカしんゆり」の初回開催
・ミューザ川崎シンフォニーホール5周年記念コンサート開催（皇太子殿下ご臨席）

・川崎市港湾振興会館（川崎マリエン）に常設ビーチバレーコートが完成
▼毎日映画コンクール表彰式（第64回）が川崎で初回開催（会場・ミューザ川崎シンフォニーホール）
10年度
・JBVビーチバレー川崎市長杯の初回開催
・温水プール付きの多摩スポーツセンター開館（全7区に完成）
11年度
▼東日本大震災（11年3月11日）
ミューザ川崎シンフォニーホールの天井落下
▼日本映画大学が開学（麻生区の小学校廃校跡を活用）
▼ザツグブルク音楽祭からミューザ被災復興支援公演収益の寄付
・フェスタサマーミューザを市内で分散開催
・藤子・F・不二雄ミュージアム開館（9月3日、ドラえもんの誕生日）
・モントルー・ジャズ・フェスティバルの初回開催（ミューザが使えず市内で分散開催）
▼毎日映画コンクール表彰式（第66回）を民間

シネコンで開催

12年度
・フェスタサマーミューザを市内で分散開催
・各種イベントを市内で分散開催
・ザルツブルグ友好20周年・震災復興支援への返礼訪問
・等々力陸上競技場メインスタンド改築工事着工

13年度
・ミューザ川崎シンフォニーホールのリニューアルオープン
・ホームタウンスポーツ推進パートナーを「かわさきスポーツパートナー」に名称変更
・中央機能を持つ新中原図書館のオープン
・東海道かわさき宿交流館開館

16年度
▼「音楽のまちづくり」で地域創造大賞（総務大臣賞）を受賞

〈**成長戦略**〉

02年度
・川崎市新産業創造センター（KBIC）開設

03年度
・BUYかわさきキャンペーン開始
▼臨海部が国際臨空産業・物流特区、国際環境特区に認定

04年度
・中国・上海市にシティーセールス、「日中環境シンポジウム」開設
▼THINK（民間のサイエンスパーク）オープン
▼「アジア起業家村」がTHINKに入居

05年度
・「川崎ものづくりブランド」認定開始

06年度
▼川崎駅西口に「ラゾーナ川崎プラザ」（民営大型店舗）オープン
・「かわさき科学技術サロン」初回開催

07年度
・「かわさきスタートアップルーム」（外国企業支援）開設

08年度
・福祉製品の日本発のガイドライン「かわさき基準（KIS）」策定
・川崎福祉開発支援センター開設

09年度

・「イノベート川崎」（先端産業支援）創設

・アジア知的財産フォーラム開催

・慶大・早大・東大・東工大とナノ・マイクロ研究開発コンソーシアムの合意（新川崎地区で実施へ）

・実験動物中央研究所および慶大医学部との先端医療開発実現への合意（実験動物中央研究所の殿町3丁目地区への移転決定）

・「低CO_2川崎パイロットブランド」事業開始

・アジア知的財産フォーラムを香港で開催

10年度

・国際競争拠点形成戦略会議を設置

・殿町3丁目地区を「キングスカイフロント」と命名

11年度

▼実験動物中央研究所再生医療・新薬開発センターオープン（キングスカイフロントへの立地第一号）

▼国の国際戦略総合特区に指定

▼国立医薬品食品衛生研究所のキングスカイフロントへの移転決定

12年度

・川崎生命科学・環境研究センター（L·s e）オープン

・NANOBIC（ナノ・マイクロ産学官共同研究施設）オープン

大型クリーンルーム（新川崎・創造のもり地区）

・「低CO_2川崎ブランド」事業の本格実施（川崎モデル）

13年度

▼キングスカイフロントへの研究開発機関の立地決定（ジョンソン・エンド・ジョンソン、日本アイソトープ協会）

〈環境・グリーンイノベーション〉

02年度

・夏の省エネ・軽装勤務キャンペーン開始

▼ミックスペーパー（雑紙）再生工場の運転開始（民営）

03年度

▼臨海部が国際環境特区に認定

・屋上緑化制度開始
・ペットボトル分別収集の全市域実施
・ディーゼル車の排ガス規制開始
・水道事業でマイクロ発電開始

04年度

・事業系ごみ処理の自己責任制を徹底
▼ペットボトル再生工場の運転開始（民営）
・アジア・太平洋エコビジネスフォーラムの初回開催（UNEPと連携）
・神奈川県・横浜市と共同で夏の軽装勤務イベントを実施

05年度

・市民10万本植樹開始
・国連グローバルコンパクトに署名（自治体で初）

06年度

・住宅用太陽光発電設備設置補助事業開始
・多摩・三浦丘陵緑の回廊事業開始
・ミックスペーパー（雑紙）分別収集のモデル実施
・エコドライブ推進協議会発足

07年度

・普通ごみ収集回数1日削減（週4回から3回へ）
・かわさきエコドライブ宣言
・カーボンチャレンジ川崎エコ戦略（CCかわさき）策定（地球温暖化防止の総合プラン）

08年度

▼胡錦濤中国国家主席がJFEの廃プラスチック再資源化工場を視察
▼川崎駅地下街アゼリアに省エネ空調システムを導入、麻生総理が視察
・緑のカーテン大作戦開始
▼臨海部で熱効率の高い川崎天然ガス発電運転開始（民営）
・「川崎国際環境技術展」初回開催

09年度

▼李長春中国政治局常務委員が臨海部視察
・「低CO$_2$川崎パイロットブランド事業」開始（CO$_2$排出削減量測定方式「川崎モデル」の開始）
▼臨海部でバイオマス発電運転開始（民営）
▼臨海部で風力発電運転開始（民営）
▼川崎スチームネット熱供給開始（東京電力の余熱を10社で利用）

10年度
▼エリーパワーが大型蓄電池の量産を開始（臨海部の塩漬け土地を市が購入して賃貸）
・川崎市地球温暖化防止条例の施行、同基本計画の策定
・ミックスペーパー（雑紙）分別収集の全市域実施
・プラスチック製容器包装分別収集のモデル実施

11年度
▼東日本大震災発生
・エリーパワー製大型蓄電池を市内福祉施設に配布
・大規模太陽光発電（メガワットソーラー）発電開始（市と東京電力の共同事業）
・エコ暮らし未来科学館開館
・ごみ焼却処理施設の削減整備方針の決定（4から3施設へ）

12年度
・生田緑地にビジターセンターを開設
・「低CO₂川崎ブランド」事業の本格実施
・川崎市環境総合研究所を殿町キングスカイフロント内に設置（公害研究所、公害監視センター、環境技術情報センターを統合強化）

13年度
・生田緑地と諸施設の一体総合的な管理を開始
・デンマークと環境・福祉分野での相互協力を開始

17年度
▼「低CO₂川崎ブランド等推進協議会」が地球温暖化防止活動環境大臣表彰（対策活動実践・普及部門）を受賞

あとがき

川崎市長だった12年間を振り返ってみて、実に多くの仕事をこなしてきたなという実感が湧いてきます。

難問解決や新しい施策の決定に当たって常に最善の判断を下すよう努めてきましたが、その毎日の積み上げが結果として川崎市政の大改革につながり、川崎市のイメージの転換に結びついているように思います。

本書は、私が市長としてどんな考え方で判断を下したのかを知っていただくための参考になれば幸いだと思って執筆しました。

書きたいと思いつつ書き残したことや書いた原稿でも本書に収録できなかったものが多々あります。例えば施設再配置のシナリオで、中原消防署の移転跡地への医療関係機関の移転、日本医科大学病院の再開発に伴う小学校の新設、教育文化会館の廃止と文化・スポーツ複合施設の建設、大規模会合のための会場整備などのシナリオがそれです。また、中学校給食に私が消極的だった理由についてもそうです。簡単に言えば、欲しい物を直接提供するよりも便利な環境の中で自ら昼食を獲得する知恵を身につけさせる教育の方が大切だということです。

「わが人生」についても、福島県の田舎での小中学校生活、その後の高校、大学、25年間の役人生活、大学教授としての10年など、それぞれに多くの出会いやドラマがありました。

本書では川崎市長としての人生に関係することだけにしぼり、ごく限られた事案と限られた方々のお名前だけに触れることとしました。

名前を出すのがいいのか悪いのか迷いながらの執筆で、出されて不満の方や出されなくて不満の方がおられると思いますが、是非ともご容赦をお願いいたします。特に選挙では多くの皆様のお世話になりました。表には出ないで強く応援してくださった支援者のことを後で知って恐縮することもありました。

最近の選挙では、意図的に敵をつくり、強烈に戦う姿勢を演出する候補者が強いようですが、首長選挙では、当選した後はノーサイドで公平に行政を進めないと世の中がゆがみます。ましてや再選を目指して強烈な対立を行政に持ち込むとなると、民主政治が乱れて取り返しのつかない事態が生じる恐れがあります。

私はもともと行政マンですから、ウソや派手なパフォーマンスで選挙を戦うことができませんでした。地味な候補者だが「スルメ」のように噛めば噛むほど味が出るし、市長になって理想的な政治・行政をやってみせるぞと心に決めてあちこちに頭を下げて回りました。

今や川崎市政とは縁が遠くなってしまいましたが、川崎市のことが話題にのぼり、「あれは阿部市長の時にやったことだよね」と言われることがままあります。それが好意的な内容だったら、私は川崎市長をやって本当によかったなと思います。そして自分はやっぱり「スルメ」だったのだと実感します。

１９９２年に川崎市に居を構え、最後の人生を過ごす自分のまちを魅力的な都市にしたいという思いから始まった一連の流れですが、川崎市政の大改革と大きなイメージの転換に主役の一人として参画し、それまで培ってきた実務経験と学問研究の成果を出し尽くすことができたことは何にも代え難い幸せです。

私が12年間に渡って進めてきた川崎市政が、将来の市民の皆様、そして川崎市と関わりを持つ国内および国際社会の多くの方々のためにプラスになっていくことを願っております。

２０１９年１月25日をもって政府の個人情報保護委員会の委員を退任し、

その後は東京福島県人会副会長および地元の川崎生田ライオンズクラブ会員としてボランティア活動に参画しています。昨年から後期高齢者にもなりました。

これまで実に長い間妻の悠子は、決して平坦ではなかった私の人生に付き添い、支えてくれました。心から感謝の気持ちをここに記したいと思います。

2019年2月

阿部 孝夫

著者紹介

阿部 孝夫（あべ たかお）

1943年、福島県生まれ。67年東京大学法学部卒、自治省入省。埼玉県庁、自治省財政局、外務省（本省、在サンフランシスコ日本国総領事館）、自治省税務局、茨城県庁、自治大学校、石川県庁勤務を経て、84年に環境庁課長。87年より市町村職員中央研修所教授・研修部長を務め、92年に自治省を退職。北陸大学教授、高崎経済大学教授、法政大学教授・大学院教授を経て、2001年より川崎市長。3期12年に渡って市政運営に取り組み、13年に退任。14年より特定個人情報保護委員会委員、16年より個人情報保護委員会委員を務め、18年退任。主な著書に『スパイスの効いた地域づくり』（第一法規出版）、『地域環境管理計画策定の理論と手法』（ぎょうせい）、『国際化と地域活性化』（ぎょうせい）、『日本が変わり地方が変わる』（良書普及会）、『新地方の時代を読む』（学陽書房）、『政策形成と地域経営』（学陽書房）、『実践的行政管理論』（成文堂）、『これからの日本、これからの地方自治』（ふこく出版）がある。

「灰色《はいいろ》のまち」から「音楽《おんがく》のまち」へ
——川崎市政大改革《かわさきしせいだいかいかく》

2019年4月10日　初版発行

著　者………阿部孝夫
発行者………松永努
発行所………株式会社時事通信出版局
発　売………株式会社時事通信社
〒104-8178　東京都中央区銀座5-15-8
電話 03（5565）2155　https://bookpub.jiji.com
印刷／製本…中央精版印刷株式会社

ISBN978-4-7887-1613-1 C0031　Printed in Japan